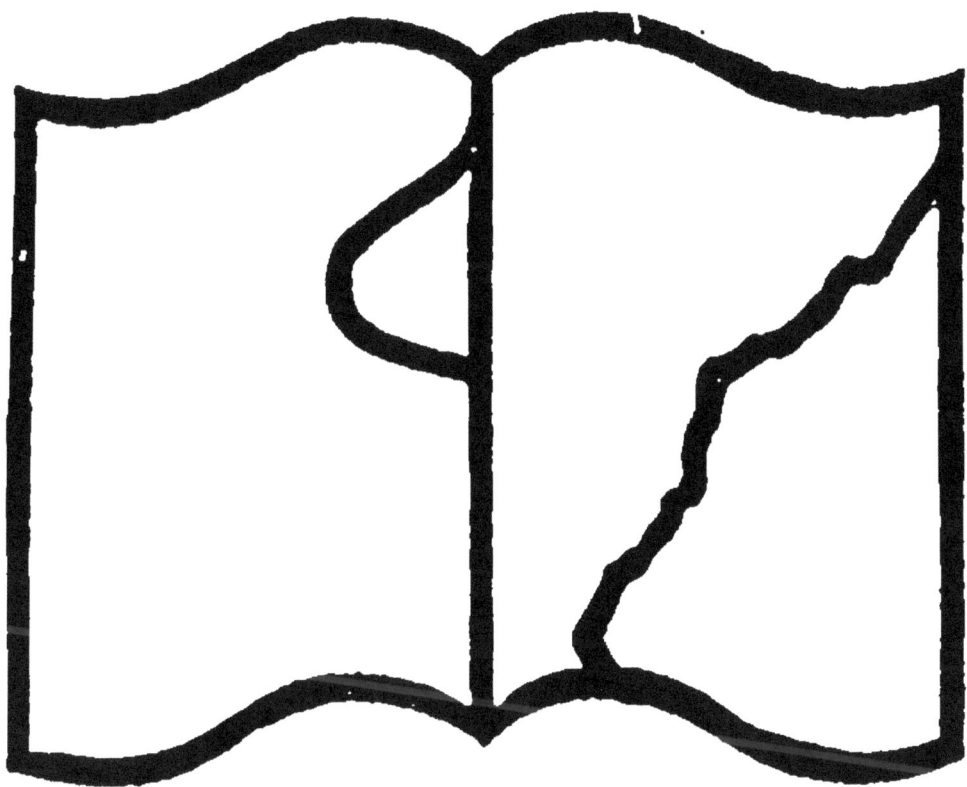

Texte détérioré — reliure défectueuse

NF Z 43-120-11

L'ENTR'ACTE IDÉAL

COMTE DE LARMANDIE

NOTES DE PSYCHOLOGIE CONTEMPORAINE

L'ENTR'ACTE IDÉAL

Histoire de la Rose✝Croix

PARIS

LIBRAIRIE GÉNÉRALE DES SCIENCES OCCULTES

BIBLIOTHÈQUE CHACORNAC

11, QUAI SAINT-MICHEL, 11

1903

DÉDICACE

Au groupe d'artistes intellectuels, qui, sous la bannière du Ruskin Français, ont en six grandes batailles, lutté et vaincu pour l'Idéal.

L. L.

SAMAS

* *
* *

- La providence divine ne m'a jamais abandonné, et si elle ne m'a point ménagé les épreuves, elle m'a tendu invariablement sa main
salvatrice au moment critique où tout espoir
semblait perdu. Quel profit pouvais-je escompter en arrivant à Paris après la guerre,
sans un rouge liard, avec des opinions cléricales et réactionnaires, et tout à la fois une
indépendance d'esprit qui me fit toujours repousser par mes coreligionnaires politiques,
phénomènes de vanité, de paresse, d'insouciance et d'obscurantisme. Après trois années de jeûne matériel et moral je trouvai
une petite situation dans un ministère et ainsi
me survint ma première joie : ne plus rien

coûter à mon pauvre cher père, qui avait usé son activité et ses ressources à élever six enfants. . . . .

Mon exaltation politique m'enleva ce gagne-pain peu après la malheureuse et misérable tentative du Seize-Mai, exécutée par des incapables et des coureurs de coulisses. La gêne familiale s'était de plus en plus accentuée, je pouvais croire mon dernier jour arrivé...la Providence pour la deuxième fois me rappela son existence et sa bonté. Le hasard me permit d'utiliser mes capacités scolaires qui jusque-là n'avaient été pour moi qu'un ornement de surérogation. J'eus l'heur de plaire pour quelque temps à la direction d'un grand établissement religieux et aux familles qui envoyaient leurs enfants dans cette sainte maison... Du coup ce fut l'opulence, et durant cinq années je gagnai la solde d'un général de division. Non du reste sans éveiller bien des jalousies : les sudites, finirent par me renverser, mais Dieu voulut bien compenser cette chute en m'accordant la chère et douce compagne de ma vie, la mère de mes enfants bien aimés... Mais quel fardeau matériel inouï que la constitution d'un foyer

familial à Paris! J'eus bientôt l'intuition presque surnaturelle qu'un long troupeau de
vaches maigres allait défiler devant moi et
exercer terriblement ma persévérance. J'étais
certain du final triomphe... comme si un
ange fut venu me souffler à l'oreille tout l'ar-
gument de ma destinée... Ce fut une austère
période de dix années, où je fus constamment
privé de la sécurité du lendemain... Pourtant chaque matin je recueillais un peu de
manne. Le ciel ne me perdait pas de vue.
Mais son secours le plus éclatant fut une rencontre extraordinaire qui me fut ménagée, et
qui allégea mes deux lustres galériens par
l'illusion d'un tel mirage que j'en oubliai
presque mes quotidiennes misères!

.
. .

Quelques mois après mon mariage, je fis la
connaissance du Grand Maître de la Rose✝
Croix du Temple et du Grâal. Ce n'est point ici
le lieu de décrire ni de louer en détail ce prodigieux, cet éclatant génie, qui aux multiples
points de vue philosophique, esthétique,
dramatique et pychologique peut supporter la
comparaison avec les plus grands cerveaux

1.

qui aient jamais honoré l'intellectualité humaine. Le Grand Maître apprécia mon zèle, mon activité et mon dévouement à ses hautes idées : il se résolut à manifester, sur le plan esthétique, l'antique et célèbre association de la Rose-†-Croix, en lui rendant son vrai caractère qui est d'être franchement et rigoureusement catholique, dans le sens vrai, c'est-à-dire dans le sens ésotérique, universel et transcendental de l'expression. Ma première conversation avec lui fit éclore dans mon âme une admiration qui ne s'est jamais lassée, et qui a survécu et survivra à toutes les tempêtes. De plus un désir ardent de réaliser les conceptions splendides qu'il m'exposa. Nous convînmes aisément que le temps n'était pas propice à la constitution d'un groupe d'occulte métaphysique, mais que les beaux-arts, par contre, offriraient à nos efforts une carrière vaste et utile, et que par le canal esthétique nous pourrions faire pénétrer nos théories spiritualistes dans les cervelles frivoles de nos contemporains.

Le Grand Maître appela à lui un jeune théoricien de l'art qu'il nomma commandeur de Tiphreth, en même temps qu'il me nommait moi-même commandeur de Geburah, chargé d'administrer toutes les matérialités. Ces vocables hébraïques désignent, le premier la pensée esthétique, le deuxième l'action réalisatrice. Le plan adopté fut d'être excessivement décoratif, par le langage, les communications à la presse et même les insignes extérieurs que les gens pacifiques et raisonnables ont souvent blâmés, mais qui ont produit leur effet de publicité sensationnelle. Tout cela était raisonné. Rien ne fut abandonné au hasard ni au caprice. Une semblable entreprise exigeait des capitaux notables ! Un jeune étranger, admirable nature de générosité et de dévouement, et qui fut notre grammate — lisez secrétaire — mit tout ce qu'il avait à notre disposition; l'un des représentants d'une des plus grandes familles françaises, ouvrit sa caisse aux premières dépenses et reçut le titre d'Archonte. Il s'occupa concurremment avec le Grand Maître du recrutement des artistes. Les artistes de la Rose-Croix sont tous parvenus à une brillante renommée. Ne me reconnaissant pas le

droit de les classer par ordre de mérite, je les
cite au hasard des dates où nous parvinrent
leurs lettres successives d'adhésion.

LES PEINTRES.

Aman-Jean fut le premier à nous appor-
ter ses toiles, à la fois si gracieuses, si poétiques
et si troublantes.

Il fut le peintre discret des âmes, appli-
quant à une psychologie suave, rêveuse et mé-
lancolique, un dessin impeccable avec ses fi-
nesses et ses mille inflexions, une couleur subtile et infiniment douce semblant emprun-
tée à des âges féeriques. Aman-Jean me représente un Baudelaire sans perversité.

Je n'en dirai pas autant de l'admirable Fernand Knopff, dónt les figures d'une beauté
violemment prenante nous entraînent quand
on les considère, dans les sentiers des plus
délectables tentations. Ce sont bien de pieux
anges, des êtres de lumière mais qui ont pé-
ché et qui panachent leur clarté d'adorables
pénombres.

Alexandre Séon, le meilleur disciple de

Chavannes, nous présente d'irréprochables dessins et de savantes couleurs, avec un grand art de composition qui nous rappelle les plus hauts maîtres.

Osbert est le Lamartinien par excellence : Qui contemple ses toiles, aux verdures profondes, aux crépuscules glorieux, aux eaux berçantes et illuminées, écoute les sons enchanteurs des Méditations et des Harmonies.

Carlos Schwabe est l'archi-subtil dessinateur du Rêve. Il est tout entier dans une toile mystique intitulée je crois l'Angelus, où les sons de la cloche du soir sont représentés par une théorie de formes angéliques, s'échappant du campanile et allant se rejoindre et se perdre dans les campagnes embrumées, avec les derniers rayons de la brune et les premières ombres de la nuit.

Armand Point fut le véritable ambassadeur envoyé par la Rose✝Croix vers les vieux maîtres florentins.

C'est le peintre des sourires immatériels, des grâces parfaites, des harmonieuses sérénités.

Le talent exquis d'Émile Cornillier se révéla dans son Narcisse qui annonce un artiste

possédant en même temps que le savoir religieux des canons de l'art, l'entière compréhension des psychologies modernes, les plus
complexes et les plus mystérieuses.

Maurin fit cet admirable tour de force de
poétiser Montmartre, de mettre, sur les visages
qui peuplent la butte célèbre, une expression
de distinction et de beauté qui se trouve certainement beaucoup plus dans l'imagination
de l'artiste que sur la figure de ses modèles.
Le mérite dudit artiste n'en est que plus
grand, et son tableau symbolique de l'Aurore
est une pure merveille.

Chabas dans son tableau de l'erraticité
nous transporta en plein monde astral avec
sa grande chevauchée des âmes dans l'immensité éthérée. Il est un des premiers à avoir
carrément abordé l'occulte avec son pinceau.

Maxence, célèbre depuis aux salons officiels,
nous donna des têtes splendides, aussi atti-
rantes peut-être que celles de Knoppff, avec
la perversité en moins.

Couty, d'un dessin très savant et très simple,
nous exprima des visages, où un œil clair-
voyant peut lire de longs et vibrants poèmes
du plus subtil, du plus artistique amour.

Le très fécond Lalyre fit revivre les opulen-
ces de Rubens, des Gachons nous ravit de ses
anges moyen-âgeux, Brémond des heures bleues
de ses matinées printannières, Marcius Sim-
mons avec la profusion éclatante de ses riches
couleurs, Hodler en l'expression poignante
de ses lignes simples et de ses couleurs grises,
Jean Delville par le sentiment fougueux de ses
rêveries amoureuses. En face de ces artistes une
autre classe de peintres : les impressionnistes
mystiques synthétisés dans Emile Bernard.
Ceux-ci destinés à être très discutés, à posséder leurs détracteurs et leurs enthousiastes,
assez éloignés sans doute des règles classiques
de la Beauté, n'en donnèrent pas moins un lustre spécial et considérable à l'exposition où ils
occupèrent le quart des panneaux disponibles.

A la sculpture moins numériquement mais
aussi brillamment représentée, il faut mentionner Bourdelle, Savine, Charpentier, Rambaud, Dampt l'un des plus illustres de toute
la statuaire moderne, enfin l'étonnant Walgren,
alors à ses débuts, depuis si célèbre, et qui exprima par de simples attitudes les sentiments
les plus profonds et les plus douloureux de
l'âme humaine.

L'architecture enfin nous députa le prodigieux excentrique Trachsel, dont les plans fantastiques semblant venir de je ne sais quelle
Egypte préhistorique, excitaient aux étranges
visions, aux pénibles cauchemars.

La salle choisie pour la PREMIÈRE GESTE (première exposition) fut celle de Durand-Ruel.
Pour y pénétrer il fallait passer par un cou-
loir où s'étalait un Manet, des plus disgracieux
et des plus énormes, je laisse à penser de
quels lazzis, de quelles épigrammes, fut cri-
blée cette toile infortunée à l'invasion des
idéalistes, à tel point qu'on se prit vraiment à
douter de la devise ambitieuse adoptée par le
fameux peintre : *Manet et Manebit.*

L'annonce de l'exposition éclata dans là
presse comme l'événement le plus bruyant et
le plus considérable, non seulement de la saison mais de toute l'année, mais du lustre tout
entier. La majorité des notes furent empreintes
de doutes ironiques sur la valeur de la manifestation, mais derrière ces hésitations et ces
moqueries on sentait une curiosité violemment surexcitée et en somme une disposition
à acclamer, si ces acclamations étaient vraiment requises par la beauté du spectacle, qui

se préparait. La commanderie de Geburah
(l'administration de l'exposition) établie dans
une petite salle étroite et décumane fut envahie
par les journalistes de toute nuance et de
tout acabit : deux mille cartes de presse furent
distribuées, les feuilles les plus graves comme
les plus folâtres voulurent envoyer chacune un
groupe d'ambassadeurs à cette solennité unique: Le premier vernissage de la Rose†Croix.
Quant aux demandes du public elles affluèrent en dehors de toute mesure prévoyable ;
on jugea à propos, et très sensément, de les
satisfaire dans des limites modérées, les res-
trictions et la sévérité excitant davantage le
désir de voir qui devint une véritable folie :
on se précipitait vers la rue Le Pelletier
comme vers cette abomination qu'on appelle
les courses de Taureaux. L'appendaison des
toiles fut exécutée par nous-mêmes; nous mé-
nagions sagement nos ressources fournies
presqu'en totalité par la générosité de l'archonte qui ne dédaigna par le métier fati-
guant et difficile de tapissier, au cours de trois
formidables journées qui se prolongèrent
la plus grande partie de la nuit. Ce travail fut
extrêmement pittoresque, surveillé par les ar-

tistes qui indiquaient leurs goûts et leurs préférences, parfois en conflits réciproques, qui-
s'en étonnerait ; traversé et troublé par des curieux, parfois très impertinents, qui voulaient jeter un coup d'œil sur un coin des petites répétitions. On mangeait sur place dans des angles
bizarres, sur de petits meubles imprévus, des
substances insolites arrosées de boissons pitto-
resques : L'assaisonnement principal se trouvait être tout naturellement un nuage de pous-
sière qui déposait des couches irrévérencieuses
dans nos bières, nos cidres, nos vins frelatés, à
la surface de nos frites et de nos ragouts. Mais
je me trompe. La véritable, la seule alimentation était un enthousiasme immense, une foi
inébranlable dans la certitude d'une apothéose, la persuasion enracinée chez nous
qu'une vie nouvelle s'ouvrait pour l'art, et que
nous étions les ouvriers prédestinés à cette re-
génération non pareille. Les monographies du
Grand Maître merveilleuses d'art et de lucidité,
non seulement éloquentes, mais philosophiquement raisonnées, nous entretenaient tous dans
cette conviction incoercible. Nous étions les in-
venteurs de la mine d'or intellectuelle, nous
tenions les filons, le sable aurifère emplissait

nos mains et poudroyait nos vêtements, et nous entendions d'avance, à deux jours d'intervalle, les hurrahs de la foule cosmopolite que nous pressentions avec une clairvoyance de mages une assurance de divinateurs.

Ce fut par une sombre et froide journée du mois de Nergal (mars) de l'an de la rédemption mil-huit-cent-quatre-vingt-douze, de la grande maîtrise manifestée le troisième, environ vers la neuvième heure, que le Tout-Paris, qui à cette époque de l'année contenait on peut le dire le haut monde civilisé, se rua par marées compactes vers la salle, où tous les dignitaires rosi-crucions se tenaient en insignes officiels, tels des souverains attendant leurs hôtes de distinction. Une multitude bizarre grouillante, hétérogène, noircissait les grands boulevards de la rue Vivienne à la rue Taitbout, deux-cent-soixante-quatorze équipages, et des plus brillants s'entassaient ; un ordre improvisé de la préfecture de police ne tarda pas à interdire la circulation des omnibus entre l'Opéra de la rue Montmartre et cette obstruction complète de la voie publique, dans le verglas et le givre, se prolongea jusqu'à cinq heures de l'après midi. Le Grand Maître

pendant la journée ne se montra pas à la
foule et bien fît-il, on l'eut étouffé. L'archonte et les simples commandeurs, le grammate, furent assaillis par la marée montante
et ne trouvaient plus d'ouïe ni de paroles pour
écouter les questionneurs innombrables, et
leur donner les mille et une réponses sol-
licitées sur les sujets les plus fantastiques, avec
l'insistance de gens hallucinés, à qui l'on ouvre
à deux battants la porte gigantesque d'un mystère. Sept heures consécutives de stase verti-
cale et de phrases entrecoupées avec avalan-
ches de poignées de mains et inondations de regards curieux, constituèrent le bilan matériel de
cette inauguration fantastique. Après la clôture
les gens de l'archonte comptèrent vingt-deux
mille six cent et quelques cartes de visiteurs
qui s'étaient empilés, entassés en grappes et en
tourbillons, dans une salle possédant d'in-
suffisantes issues et qui normalement peut
contenir deux cents personnes. La commanderie avait heureusement fait ouvrir au fond du
hall une porte d'ordinaire verrouillée, qui permit l'écoulement relatif de toute cette masse
humaine poussée vers nous par une curiosité
insatiable. Je vis certainement défiler devant

moi en ce jour mémorable, tous les vivants que
j'avais connus jusqu'à cette époque au cours
de mon existence, une sorte de mystérieux
rendez-vous, certes inconscient, s'était donné
de tous côtés, un inexplicable mot d'ordre
avait circulé, je serrai pour ma part plus de
neuf cents mains, un *Servant d'œuvres* avait
été par moi commis à cette interminable sta-
tistique. La note générale était sympathique
avec un peu d'étonnement à la clef : ce jour-
là personne ne fut vraiment en mesure de voir
grand chose, on venait en réalité en ce début,
considérer surtout les bonshommes réputés
sorciers, qui avaient organisé une manifestation semblable, n'ayant aucun précédent dans
l'histoire de l'art et des expositions passées. On
s'attendait à voir des spectres évoqués, des apparitions de fantômes, et quelques unes de nos
toiles, un peu originales, confirmèrent cette
opinion dans le gros de la foule. Naturellement on cherchait surtout des yeux l'illustre absent qui était l'âme de toute cette exhibition démesurée. Tenir un registre des interrogations par nous subies, eut été une besogne
bien palpitante d'intérêt, mais impossible à
accomplir. Vraiment, en majorité, les curieux

nous prenaient pour des citoyens d'un autre
monde, on nous questionnait sur l'au-delà,
on nous demandait la bonne aventure. Je
me rappelle avoir scandalisé une fort jolie
femme en lui affirmant que la vraie bonne
aventure était cette affluence colossale du public vers la manifestation d'une œuvre inconnue hier encore.

On ne nous croyait pas sincères quand nous
nous refusions à vaticiner. En tout cas on était
bien certain que nous étions de très occultes
personnages, affiliés aux rites les plus secrets
et peut-être les plus ténébreux, on nous sentait
initiés, ce qui n'était pas erroné, mais on igno-
rait ce que peut-être une initiation intellectuelle
et l'on s'imaginait que nous avions passé par les
plus diaboliques sabbats avec accompagne-
ment de chaudières à ébullitions crapaudines,
et baisage des fesses du bouc, naturellement.
Très sincèrement une dame du meilleur monde
me demanda quelques notions sur *mes dieux* et
je la remplis de stupéfaction en lui affirmant que
j'étais un vieux et bon catholique, que mon Dieu
ne différait pas du sien, que seulement, suivant toute probabilité nous avions respective-
ment des façons un peu différentes de l'adorer.

Quand on ferma les portes il fallut livrer un vrai combat à des groupes compacts qui voulaient se ruer encore, toute l'équipe de la salle, toute la commanderie elle-même, dut contribuer à la propulsion des vantaux doubles qui pouvaient se briser. Il fallut l'énergique poussée de trente agents pour dégager les abords *de la geste.*

Et trois quarts d'heure durant, des énergumènes exaspérés de curiosité, individuellement ou par petits groupes subrepticement revenus, cherchèrent à enfoncer la porte qui malgré tout résista.

Il fallut absorber à la hâte un repas exécrable dans un bouis-bouis de quatre sous tout voisin de la salle, afin de pouvoir nous trouver pour la soirée inaugurative où nous avions convoqué le corps diplomatique et la fleur du grand monde. Nous dévorâmes d'atroces substances, des viandes-semelles et du pain de forçat, le tout arrosé d'infâme piquette, mais tout cela nous parut être ambroisie et nectar eu égard au contentement glorieux qui nous inondait l'âme... La soirée fut à la hauteur de la journée dans une note plus calme et plus haute.

Nombre de diplomates répondirent à notre appel notamment le prince alors comte de Munster, qui a toujours depuis suivi nos expositions avec une fidélité non démentie, le Comte Hoyos, M. Due, ministre de Suède et de Norvège, M. Whilelau Reid, ministre des Etats-Unis, lord Dufferin, le duc de Mandas, M. de Mohrenheim. Le haut monde nous amena un large et précieux contingent : trois Larochefoucauld, deux Gramont, deux Mortemart, je puise au hasard dans le tas des nobles cartes : Montesquiou, du Lau d'Allemans, Clermont-Tonnerre, d'Harcourt, Radziwil, Rohan, Tredern, Dreux-Brezé, d'Henin d'Alsace, Divonne, Maillé, Noailles, j'en passe et des meilleurs, deux cents noms les premiers de l'Armorial français.

Quant au monde littéraire et artistique, il afflua, il abonda, il déborda. Je le résumerai en disant que nous eûmes l'insigne honneur d'être visités par Gustave Moreau et Puvis de Chavannes. Zola, malgré la différence d'écoles, demeura une heure entière à examiner les œuvres exposées et s'affirma très intéressé et très charmé. Les fonctionnaires publics majeurs ne nous dédaignèrent point, toute politique devait être exclue d'une semblable réunion, et nous n'eûmes avec tous nos hôtes, quels qu'ils fussent, que des échanges de gracieusetés, d'amabilités et de congratulations. Ce fût pour nous une grande satisfaction intellectuelle que de voir survenir notre cher et grand Verlaine dans son costume de sortie d'hôpital. Et je me rappelle cette phrase par lui singulièrement jetée au travers de la plus pittoresque des conversations :

« Oui oui c'est entendu, nous sommes catholiques... mais pécheurs. » Il avait pleinement raison.

Des fleurs avaient été semées à profusion dans la salle, des trompettes avaient joué le prélude de *Parsifal*, il avait été décidé d'avance et en principe qu'aucune occasion ne serait perdue de rendre hommage à Wagner, l'un des grands protagonistes de la Rose✝Croix œcuménique. La soirée se prolongea au delà de minuit et si au cours de la journée nous avions été favorisés par la quantité, nous fûmes de neuf heures du soir à une heure du matin absolument comblés par la qualité la plus exquise et la plus insigne.

Le lendemain fut le grand jour des comptes

rendus journalistiques. On peut dire que le retentissement de notre vernissage fut mondial, et j'énonce tout d'abord cette constatation résumée, que trois mille deux cent quarante feuilles de toute périodicité, de tout format, de toute opinion, de tout pays, consacrèrent dans les cinq parties du monde, même en Australie, même à Honolulu, d'immenses articles à la Rose✝Croix. Comme il advient quand il s'agit d'une grande idée, les critiques furent mêlées aux louanges et celles-là furent aussi acerbes que celles-ci enthousiastes. On ne pouvait donner impunément à aussi grand renfort de publicité et de tapage un tel coup de pied dans le poncif et dans la routine, sans exciter de tous les côtés et sous les formes les plus vives l'éloge et la contradiction. Les spiritualistes idéalistes et symbolistes célébrèrent notre gloire, les réalistes, matérialistes et positivistes grinchèrent et regimbèrent, l'art officiel feignit de nous dédaigner, mais au fond son hostilité fut la plus intense et la plus rageuse; notre audacieuse profession de foi était surtout une déclaration de guerre sans merci à l'Académie Jullian, à tous ses tenants et aboutissants. Nous eûmes de bonnes relations avec la Société Nationale des Beaux-Arts grâce à notre Maître Chavannes, mais la Société des artistes français montra à notre égard une froideur significative, et M. Vigneron, malgré son amabilité légendaire, fut plutôt parcimonieux dans la distribution de ses faveurs.

Ceux qui au dehors se moquaient, soit en conversations soit dans la presse, observaient à l'intérieur de l'exposition une attitude respectueuse, et plus sans doute en raison du sentiment inspiré par la tenue des œuvres qu'à cause de la sévérité de la commanderie qui eut sévi du reste à la moindre incartade, consciente de son rôle de gardienne du seuil, dont jusqu'au bout elle se montra jalouse.

Plusieurs soirées musicales furent données où l'on se disputait les places avec un acharnement sans exemple. Un riche péruvien en prit un jour à lui seul pour une somme de six cents francs. Au cours de ces soirées on n'entendait que la plus haute musique : Wagner et Palestrina.

Lamoureux nous prêta le concours de son habile et savant orchestre ; la messe du pape Marcel fut exécutée sous la direction d'Alphonse de Villiers et du très sympathique et talentueux Bénédictus, un des zélateurs les plus dévoués et les plus aimables qu'il nous ait été donné de rencontrer.

Une délicieuse pastorale chaldéenne, le Fils des Étoiles, œuvre du Grand Maître fut représentée à six reprises dans notre salle transformée en théâtre, avec le plus grand succès, préludant à celui que Babilou devait remporter l'année suivante.

Nous étions assiégés presque nuit et jour par des curieux et des questionneurs parmi lesquels les dames se trouvaient naturellement en prépondérance numérique. Personnellement le commandeur de Geburah recevait au moins une douzaine et demie de visites par jour dans son arrière salle, où affluaient les plus hautes notoriétés de la France et du monde entier.

L'opposition adopta bien vite la forme de la moquerie et du sarcasme, on se livra à un débordement de railleries aussi faciles que peu concluantes sur l'ensemble de notre symbolisme, sur les costumes Moyen-âgeux du Grand Maître de l'ordre, sur nos rubans et nos insignes, sur les idoles planétaires dont nous exhibions souvent les hiéroglyphes, sur la grandiloquence des communications de la commanderie et des mandements de la Maîtrise. Plus on nous attaqua plus nous nous opiniâtrâmes dans la ligne de conduite par nous décidée, dans les rubans, dans les costumes, dans la pompe du langage. A côté des détracteurs systématiques, surtout poussés par la jalousie, se leva de tous les côtés une phalange admirable de séides renforcés de partisans sans réserve, qui firent autour de nous une garde consulaire, et crièrent assez haut et assez ferme leur admiration, pour contrebalancer et même étouffer les clameurs de la honteuse envie. Et, somme toute, une émotion profonde s'était emparée du monde artistique qui voyait spontanément dans notre effort une messiation esthétique, le prêche éclatant et sonore d'un véritable évangile de Beauté. Pour la première fois on entrait dans une exposition où l'impression ressentie n'était ni bariolée ni composite comme aux salons officiels, mais se résumant en un sentiment irrésistible d'ascension vers l'idéal par l'échelle du symbole. Nos numéros ne s'élevaient guère dans la série des chiffres, nous avions environ deux cents œuvres, mais leur signification était nette et péremptoire, et les artistes sincères pouvaient penser et dire : Un grand vent de rénovation vient de souffler, un art inconnu nous est né. Et ce nouvel art n'était que la résurrection des vieilles formules cano‑ niques de la plastique beauté. Les préraphaé‑ lites et leur art avaient été nos inspirateurs et nos guides, et les critiques doués de fran‑ chise et de loyauté impartiale ne s'y trompè‑ rent pas. Sans donner un absolu chef-d'œuvre cette première geste avait brusquement relevé le niveau général esthétique, et l'effet produit fut immense et durable.

La première journée du public payant amena des recettes inattendues. Les deux pre‑ mières heures avaient été taxées à un louis, et ce formidable droit d'entrée n'arrêta point la cu‑ riosité. Une trentaine de personnes bravèrent ce tarif qui avait presque un aspect prohibitif. Le premier visiteur fut une femme adorable, la plus belle assurément que j'aie contemplée dans ma vie, et qui me fit le grand plai‑ sir de me demander mon bras pour faire le tour des œuvres. Sa voix était une mélodie céleste, et ses paroles révélaient des pensées subtiles et rares, elle avait la compréhension

presque adéquate de la Rose✝Croix, même sur
les plans étrangers à son actuelle manifestation. Je passai à causer avec elle d'infiniment de choses quelques trop courts moments.
Elle me demanda si elle n'excitait pas ma curiosité... J'aurais certes pu répondre très affir-
mativement, mais je trouvai plus poétique, plus
fière, plus rosi-crucienne cette énonciation:
Il n'y a que les enfants et les étourdis qui
puissent tenter la violation des mystères.

Et l'Angélique inconnue, jamais revue depuis, se retira lentement, comme passe une
brise printanière, après avoir longuement
gardé ma main dans la sienne, et en me jetant
un regard caressant et profond qui fut un
remerciement splendide de ma discrétion et
de mon respect. . . . .

Et je dois dire à ce propos que j'ai vu
passer à nos expositions les plus jolies
femmes du monde, impeccablement belles,
et cela un mois durant, au cours de six
années. Les attractions sont proportionnelles,
et la beauté plastique réelle ou intention-
nelle des œuvres, appelait à elle la beauté
vivante. Ce fut la preuve la plus palpable,
la preuve en chair et en os de notre

réussite esthétique. Jamais à aucune exposition officielle ou privée, je n'ai vu une
pareille Théorie de grâces se profiler, silen-
cieuses, attentives, presque dévotes devant
des toiles excitant la piété de leurs sentiments les plus intimes. A part la bagarre
du premier jour, les visites à la Rose ✝ Croix
étaient méditatives et taciturnes. On parlait
très peu et à voix très basse, on contemplait,
on méditait en rêvant. Même les rieurs de
parti pris attendaient la sortie pour se livrer
à leurs appréciations incongrues, dans ce
temple d'art ils se sentaient assujettis à la tenue et à la convenance, par une force intérieure à eux-mêmes, dont ils répudiaient sans
doute le principe mais dont ils subissaient
la jussion et l'emprise. Les notes distinctives
ves et dominantes de tout notre public furent la gravité et le recueillement.

Les interrogations ne variaient guère :

— Qu'est-ce que le Rose ✝ Croix ?

Ce titre magique joint à certaines extériorités, étonnait beaucoup et excitait l'envie des
gens qui veulent tout savoir. La commanderie
dosait l'étendue de ses réponses avec le plus de
sagesse et de prudence qu'elle le pouvait, dis-

tribuant à chacun où à chacune les éclaircis-
sements demandés, selon l'intelligence, la
loyauté et la bonne foi manifestées, en tenant
compte aussi de la sympathie témoignée à la
Geste. La Rose ✝ Croix dans son ensemble, dans
sa synthèse ne pouvait et ne devait être dévoi-
lée à personne autre qu'à ses hauts adhérents.
L'une de ses forces principales a toujours con-
sisté depuis les Templiers, depuis Hugues
des Païens en passant par Rosenkreuz, en un
religieux silence sur toutes les matières ésotériques de l'initiation, qui n'est écrite nulle part,
qui est une tradition orale transmise de génération en génération, à ceux qui sont jugés
digni intrare ou prédestinés par des signes in-
faillibles à s'agréger au groupe élu. Mais le
public cultivé recevait de notre bouche tous
les renseignements qu'il lui était utile et
fructueux de connaître, et en somme voici ce
que nous ne nous lassions pas d'exposer aux
postulants : La Rose ✝ Croix est une société
d'idéalisme catholique s'étendant sur tous les
plans intellectuels, esthétiques et de gubernation. La section rosi-crucienne proprement
dite accueille tous les ouvriers d'art, le Temple concerne les hommes d'action, le Graal

les croyants à la présence réelle. Notre devise
est bien connue : *Ad crucem per rosam ad
rosam per crucem, in ea in eis gemmatus re-
surgam.* Nos hommes dans la suite des âges se
nomment entr'autres : Eschyle, Sophocle, le
Dante, Léonard, Michel-Ange, Balzac, Wagner, Fabre d'Olivet, Eliphas Lévy, St-Yves,
Péladan. Tel était le thème que nous déve-
loppions aux questionnaires anxieux et mul-
tipliés que l'on nous proposait. Et il y avait
déjà là une matière suffisante aux plus am-
ples développements philosophiques, artistiques et littéraires. Nous nous sommes
toujours refusés à parler politique, tout
en trouvant et en déclarant exécrable la
politique générale de l'Occident. Mais quant
aux diverses formes affectées par les gou-
vernements, nous avons toujours déclaré
planer au-dessus de pareilles contingences,
tout en faisant du principe hiérarchique
bien compris et bien appliqué le principe
inaltérable le tout état soucieux de se
conformer aux lois normales éternelles, dont
l'incessante violation est la source nécessaire des ruines et des cataclysmes qui affligent
le monde. Nous sommes des catholiques, des

Chevaliers du Christ, mais dans le présent nous ne confondons pas le Très Saint-Père, notre chef visible, avec les congrégations romaines; nous sommes des croyants et des pratiquants mais avec des motifs de crédibilité un peu différents de ceux proposés à la foule. Nous tenons l'inquisition pour une abomination païenne. Nous proclamons la nécessité des deux formes doctrinales ésotérique et exotérique, et enseignons comme éléments de toute gnose la trinité universelle du macrocosme et du microcosme, images fatales, reflets nécessaires des processions, hypostases et entéléchies divines.

Nous nous sommes toujours énergiquement refusés en dépit des sollicitations aussi fréquentes que pressantes à donner des recettes thaumaturgiques ou prestigieuses, estimant que la clef des prestiges ne peut être livrée sans dangers et affirmant que le miracle n'est ni une démonstration de la vérité ni une matière à jonglerie, mais un produit de la foi, dont le générateur principal est la prière. Il ne nous a même pas été possible de donner la formule de la célèbre *plante attractive* de *Van Helmont*, au sujet de laquelle nous avons été plus de cent fois interrogés : l'usage entre des mains légères, profanes ou fantaisistes n'en pouvant être que dommageable et pernicieux. Une fort jolie femme insistant un jour outre mesure, au moins pour avoir en sa possession quelques gouttes de la mystérieuse liqueur, un de nos dignitaires lui en livra une très petite ampoule soigneusement close et exactement scellée en lui disant :

Pour peu, Madame, que vous réfléchissiez, vous vous rendrez compte avec tant d'évidence du danger d'aborder le MYSTÈRE, que vous considérerez ce flacon remis par moi avec des regards effrayés, que vous n'en romprez point le cachet et que vous me le rapporterez sans en avoir usé.

Et le fait prédit ne manqua point de se réaliser. Au bout de quelques jours, après mille tentatives d'audace, toujours repoussés par l'effroi de la suggestion, la belle fille d'Ève vint me remettre la solution attractive intacte et inviolée, comme un talisman de vie et de mort.

Je mentirais à dire que cette première Geste d'extériorisation esthétique s'acheva dans une

apothéose sans mélange, et que ces hosannahs
et magnificats ne furent point traversés par
quelques dissonances. Les Rose † Croix étaient
des hommes, des intellectuels sans doute
mais *nil humanum a se alienum putaverunt.*
Toute institution humaine porte en elle des
imperfections sans quoi elle n'aurait plus
qu'à s'agréger aux neuf chœurs angéliques.
Quelques discussions s'élevèrent au sujet des
deux tendances juxtaposées au salon de l'exposition : les uns, la majorité, tenaient pour
l'exclusivité de la tradition classique, d'autres
favorisaient le moderne impressionnisme.
Quand on n'est pas des séraphins, nul d'entre
nous n'a jamais prétendu au plan pneumatique,
les divergences d'opinion peuvent malheureusement s'accuser par de trop vives paroles
sans que pour cela la valabilité de ceux qui les
prononcent en puisse être diminuée, ni leur
bonne foi altérée, ni leurs intentions corrom-
pues. Ces différences de vue et d'apprécia-
tion causèrent une scission dans l'ordre :
l'Archonte se sépara du Grand Maître et des
commandeurs. Mais il serait profondément
injuste de contester le mérite qu'il a eu en ex-
posant des sommes importantes dans le but

de glorifier l'idéal, à un moment où nul ne
pouvait deviner ni même prévoir le succès
matériel de l'entreprise. Nos rapports per-
sonnels furent des plus courtois jusqu'au jour
de la séparation, et à dix ans de distance je
me garderai de prononcer la moindre parole
d'agression ou d'amertume.

Ces quelques nuages ne suffirent point d'ailleurs à assombrir le ciel rayonnant de la
gloire Rosi✝Crucienne. En ce mois de mars
1892, le monde entier retentissait du bruit
sonore de nos exploits esthétiques, et j'ai cons-
taté statistiquement que les *trois mille* et quelques articles par moi signalés et recueillis
formaient la matière d'un dictionnaire de
Bouillet. A notre égard nulle indifférence : ou
enthousiasme passionné ou diabolique exécration. Tous les tenants de la Vérité, de la
Beauté de la Justice étaient nôtres, tous les
adeptes du laid, du médiocre, du Chrysocale et
de la petite bière nous livraient d'acharnées
batailles. Il y eut des hommes intelligents qui
ne nous pardonnèrent pas notre orthodoxie.
Teintés de quelques hérésies, nous aurions
plu davantage. Ce n'est point dire que nous
ayons obtenu les applaudissements de l'una-

nimité des orthodoxes. Beaucoup nous pro-
clamèrent hérétiques sans pouvoir au reste
nous le démontrer. Par ailleurs notre désintéressement matériel et même intellectuel
demeura entier et intangible, et si nous eûmes
vraiment le droit d'écrire :

EXEGI MONUMENTUM

Nous nous empressâmes d'ajouter ce cor-
rectif à la grande tentation d'orgueil :

Non nobis, Domine, non nobis, sed nomini
tuo da gloriam.

II

Nergal

La portion hostile et envieuse de la presse,
s'empara avec avidité des légères discussions
qui s'étaient manifestées, pour prédire notre
mort et affirmer que nous ne survivrions
pas à notre première victoire. Le fait est que
de grandes difficultés semblaient tout d'abord
s'opposer à une récidive en 1893 : la retraite
de l'archonte nous privait des principales ressources matérielles, la recherche d'un local
devint un problème des plus ardus : Durand-
Ruel préférant son petit train-train ordinaire
de dix à quinze visiteurs par jour au véritable
flot humain que nous avions déchaîné dans sa
salle, Durand-Ruel, avec beaucoup de courtoisie du reste, déclina le tumultueux honneur

de donner asile à la deuxième Geste. Le
Grand Maître qui n'avait que de très modestes
subsides sacrifia généreusement une partie de
son avoir pour le sauvetage de l'œuvre, et le
commandeur de Géburah à force de courses de
marches, de démarches et de contremarches,
finit par obtenir de la ville, par la gracieuse
entremise de M. Quentin-Bauchart, la concession du dôme central, dernière épave de
l'exposition de 89, au Champ-de-Mars.

Il fallut visiter nombre de fois le préfet, le secrétaire général, les directeurs des travaux, des
promenades, des finances, j'ai noté dans mes
archives quarante-trois expéditions. C'était
fort bien, nous avions réussi. Inutile de faire
observer que nos artistes accoururent à nous
avec le plus vif empressement, presque tous
les exposants de la Geste précédente nous de-
meurèrent fidèles, nous n'eûmes que d'insi-
gnifiantes défections, largement compensées
d'ailleurs par toute une légion de nouveaux
venus attirés au bruit de notre renommée.
Mais devant notre zèle et notre volonté
ferme d'aboutir, d'innombrables difficultés
s'élevaient encore : le local trop vaste et mal
éclairé se trouvait fort impropre à son éphé-

mère destination, le cahier des charges puérilement draconien nous interdisait de planter un seul clou dans la grande muraille nue, il nous fallut boiser la dite muraille sur une longueur de cent mètres ; de plus, la nécessité de ménager notre budget nous contraignit à solliciter des aides matérielles bénévoles, celles-ci du reste ne nous manquèrent point et nous découvrîmes un chœur d'ouvriers enthousiastes, un groupe d'intellectuels, qui ne dédaignèrent point de se mettre en manches de chemises pour accomplir nuit et jour des besognes de manœuvres, j'ai nommé le cénacle à jamais célèbre qui fut presque immédiatement désigné sous cette appellation pythagoricienne : Le 45.

Au numéro 45 du quai Bourbon dans un coin vénérable et préhistorique de l'Ile Saint-Louis, loin du bruit vain et des modernités banales, à l'ombre propice des tours de Notre-Dame, gîtaient cinq personnages sectateurs ardents de notre idée qui menaient ensemble une vie de cénobites laborieux et de vaillants ascètes, philosophant toute la journée et une partie de la nuit, presque des réguliers, d'une orthodoxie catholique absolue et d'une austérité sans égale, faisant du riz à l'eau leur principale nourriture ; je me permettrai de mettre un peu de symbolisme dans leur désignation pour ne pas effaroucher leur grande modestie et ne pas livrer à une foule profane le secret de leur zèle : Le commandeur Maximilien, les chevaliers Marcel, Albert et Dominique, l'Écuyer Flavien. Deux d'entr'eux occupent aujourd'hui d'importantes situations n'ayant aucun rapport avec les chaires de philosophies transcendantes qui eussent pu leur être dévolues, ce qui démontre une fois de plus cette vérité que je me suis toujours tué à proclamer :

Quand un intellectuel descend des régions sereines de l'Idée au champ clos des intérêts vulgaires, ne l'appelez pas utopiste ou rêveur; il a puisé dans la contemplation de l'abstrait métaphysique les souveraines formules applicables à tous les efforts de l'humanité vivante. Saluez-le, puisqu'il vous honore, écoutez-le car il vous montre le chemin.

Deux autres membres du groupe fameux sont aujourd'hui frères prêcheurs, ce qui prouve bien que le catholicisme du Cénacle était indiscutable et solide. Ces hommes précieux et dévoués n'attendirent point qu'on les découvrît : ils vinrent d'eux-mêmes au Grand Maître, et leur bonne volonté sans limites fut largement et immédiatement utilisée. A l'issue des précédentes vacances j'avais déniché moi-même, au hasard d'une réparation de cycle, dans une petite forge de bourgade, en un département fort éloigné, un homme, aussi loyal que dévoué, assez ouvert pour comprendre la R ✝ C et l'adopter en plein enthousiasme, et que la fréquentation Rosicrucienne a élevé et soulevé, au point d'en faire au moment actuel, un grand industriel, nouvelle confirmation de mon aphorisme de tout à l'heure, établissant que l'étude des idées générales peut conduire ailleurs qu'aux réussites purement spéculatives, et se trouve être un merveilleux instrument sur tous les plans de la vie générale. Je suis fort heureux de rendre ici au chevalier Sylvestre un hommage cordial et cérébral.

Les travaux préparatoires de la Geste de 93 furent littéralement formidables : Un immense vaisseau avait été mis à notre disposition, il fallait le remplir : Nous devions couvrir ces murs cyclopéens désespérants de longueur et

3.

de surface, et compter principalement dans ce but sur nos propres muscles extenseurs et fléchisseurs. Une nouvelle complication s'ajoutait à toutes les autres : Il avait été résolu devant le peu de bravoure manifestée par les théâtres officiels, d'organiser de notre propre initiative, sous ce même dôme central, la représentation de Babylone, œuvre sublime du Grand Maître et qui ne saurait être équitablement caractérisée qu'en la mettant au nombre des huit ou dix ouvrages dramatiques, d'Eschyle à Wagner qui excitent à jamais l'inépuisable admiration des siècles. Babylone domina toute cette geste, nous étions les fléaux de Babylone, et jamais, j'en fais la haute déclaration, plus absolu dévouement n'a été mis au service d'une plus admirable cause. Quels miracles n'accomplit-on pas avec le zèle flanqué du désintéressement. Je me demande encore comment en trois semaines il nous a été possible de créer de toutes pièces cette énorme scène, d'agencer toute l'organisation matérielle que l'entreprise comportait, et pour donner un détail sur l'un des points les plus surprenants, de transformer en décors très convenables et qui jouèrent fort bien leur rôle, d'énormes rou-

leaux de toile brute qui nous furent livrés
moins de vingt jours avant le moment fixé
pour la première représentation. Ajoutez à cela
l'examen à domicile, l'apport et l'appendaison des tableaux, la recherche, le choix, et
l'expérimentation des acteurs et actrices, les
répétitions mémorables, se pratiquant dans
cette enceinte obscure et glacée, où quatre
cents paquets de bougies furent consumés, se
prolongeant jusqu'à des trois heures du matin; la surveillance incessante des brosseurs
de décors, des agents et des ouvriers du Champ
de Mars, le refoulement des curieux qui se pré-
cipitaient avant l'heure, la réponse aux questions incessantes écrites ou verbales qui nous
étaient posées, l'étude attentive et conscien-
cieuse des mille et un projets qui nous étaient
soumis par la bonne volonté des uns et la
bonne folie des autres, la nécessité d'établir
un réfectoire nocturne, le va-et-vient incessant entre l'imprimerie de Clichy et le Champ
de Mars pour nos affiches, nos cartes diverses
et nos publications de toute sorte; la lecture
de journaux qui tantôt louaient tantôt déni-
graient, la réponse aux demandes d'entrées
de faveur qui se chiffraient par milliers, les

précautions de tous les instants pour qu'un
coulage formidable ne gaspillât point nos
faibles et précieuses ressources, les rapports
constants avec l'administration centrale et lo-
cale, le personnel, la police, l'apaisement des
conflits pouvant s'élever parmi toute cette multitude hétérogène, effarée, emballée, hurlante,
l'éreintante nécessité de parcourir deux cents
mètres, à pied bien entendu, pour aller d'un
bout de la salle à l'autre bout, ce qui, retour
compris, égalait presque un demi kilomètre,
les ordres et instructions jetés à pleine voix à
brisements de gosiers, l'inévitable confusion
d'un pareil labeur dans un tel espace, la
tourbe des narquois aux aguets, l'intention
visible chez quelques subalternes de mettre à
profit la naïveté et l'inexpérience que l'on
nous supposait, la susceptibilité des comédiens
et leur exactitude variable, la reconduite des
dames, absolument nécessaire en pleine
nuit, la continuelle nécessité des voitures et
le va-et-vient dans tout Paris, même souvent
la traversée de l'enceinte, des querelles à
apaiser entre gens de basses œuvres, et la nécessité inéluctable d'aboutir à tout au jour fixé
et dans les conditions annoncées à son de

trompe, considérez tout cela et supputez quelle énergie surhumaine, quelle activité sans égale, quelle résistance épopéenne à la fatigue physique, à l'impatience, au dégoût à la colère, au sommeil, il nous fallut victorieusement opposer pour ne pas être noyés, submergés étouffés, roulés, et bousculés entraînés désarçonnés, par l'énormité de notre entreprise, pour griser les yeux d'un public gouailleur et sceptique, éviter la risée et maintenir ferme et haute la conquête de l'admiration.

En cet endroit de mes souvenirs, j'ai à faire une très importante observation. Si tous les détails des mémoires que je trace sont rigoureusement et minutieusement exacts, je suis sûr que les amateurs de bavardages et de potins, les chercheurs obstinés de scandales ne seront point satisfaits en me lisant. Ils me reprocheront peut-être d'être incomplet, de ne pas tout dire de ne pas reproduire avec une brutalité photographique tous ces faits et événements divers.

J'avoue franchement, et je m'en honore, que je n'écris pas *des Coulisses*. Les gens qui écrivent des *Coulisses* commettent de mauvaises et honteuses actions. Il est déloyal de considérer une pareille chose par ses petits côtés et de discréditer une idée noble et féconde parce que les soldats de cette idée ne sont point exempts d'imperfection, dans leurs pensées, dans leurs paroles et dans leurs agissements.

Nous étions tous des hommes, nul d'entre nous n'étant encore parvenu à l'état astral, nous avons pu avoir des défauts, nous en avons eu certainement, nous ne nous sommes pas constamment maintenus au-dessus de toute erreur, et nous avons commis des fautes. Mais nous avons tous été en ce qui concernait la Rose✝Croix des êtres d'intentions pures, des travailleurs de bonne volonté. Tous ont apporté leur pierre à l'édifice avec la sincère passion de le voir s'élever et grandir, d'en faire un temple vivant et magnifique destiné à enclore la Justice, la Vérité, la Beauté, de ressusciter l'ancien Monsalvat au milieu du siècle railleur et incrédule, de construire une citadelle pour abriter et défendre tous les chevaliers de l'idéal. Celui qui cherchera dans ces lignes la curiosité graveleuse sera complètement déçu, je le lui en fais la prédiction, à moins que l'anecdote soit nécessaire au relief,

au ressortissement du plan d'ensemble. L'histoire des fils de Noé est éternelle. Ceux qui
respectant le corps de leur père endormi pla-
cèrent un voile sur sa nudité furent bénis de
Dieu et des générations humaines. Celui qui
s'arma d'ironie et de dérision fut maudit par
le Très-Haut, honni par les siècles, et toute
sa descendance avilie et dégradée fut marquée
de noir par le soleil. Que l'on ne cherche donc
point en ces pages l'entrefilet venimeux ni
même la découverte complaisante d'une action blâmable et fâcheuse, je déclare laisser
aux ennemis le soin de la médisance et du
dénigrement.

A propos d'anecdotes il en est une que je ne
dois point passer sous silence, car elle ne peut
qu'honorer les hommes qui s'y sont trouvés
mêlés. Un jour en ce petit coin de bureau ad-
ministratif qui se glorifiait d'être appelé commanderie, et qui a vu défiler les notabilités
intellectuelles et mondaines de l'Univers en
tier, je reçus la visite toute officieuse d'un
personnage qui devait être bien officiel si j'en
juge par la rosette dont s'ornait sa bouton-
nière. Ce monsieur, extrêmement courtois de
manières, et du meilleur ton, me demanda au

cours d'un entretien esthétique sur les préra-
phaélites si d'après moi, le Grand Maître de la
Rose † Croix accepterait une décoration; je
considérai ce fait comme des plus notables
il démontrait en tous cas l'effet considérable
que notre manifestation avait produit dans
les milieux les plus réfractaires. Je fis connaître sans aucune difficulté à mon interlocuteur la pensée du Grand Maître sur cette
délicate question. Le Grand Maître n'est pas
de ces intransigeants qui déclarent avec vio-
lence, avec une ferme indignation qu'ils
méprisent toutes les distinctions et se pla-
cent bien au-dessus d'elles, nullement. Ceci
est la pire des outrecuidances.

En la conjoncture, tout en étant reconnaissant
de la pensée qu'avaient pu avoir quelques-uns,
il estimait que son œuvre était encore trop en
marge du monde officiel, trop en formule de
combat d'avant-garde et d'entreprise de che-
vau-légers, pour recevoir une consécration qui
suppose l'assentiment du gros public, l'approbation générale de la foule. Il est bien indiscutable que si nous avions provoqué dès le
début de grands dévouements, des encourage-
ments précieux, des applaudissements insi-

gnes, la masse restait à notre égard dans un état
de défiance malveillante, mitoyen entre l'ironie
et l'incompréhension. Et il ne pouvait en être
autrement. Et cet état n'était pas susceptible
de modifications rapides. Qui ne se rappelle
Wagner sifflé, obligé pour manger un morceau
de pain de vendre son chien, un quart de siècle avant son merveilleux triomphe. Qui n'a
point à la mémoire Delacroix injurié et traité de
dessinateur ignorant, Chavannes, totalement
méconnu pendant vingt années de sa vie, Gustave Moreau ne parvenant à l'Institut que
l'avant-veille de sa mort. Il faut renoncer à ce
que les hautes formules soient acclamées par
le Vulgaire, et même par la majorité des personnes intelligentes. Elles sont et demeurent
le patrimoine d'une élite, et ce pour leur éter-
nel honneur.

Le grand événement de la deuxième geste
rosi-crucienne, qui put aussi être appelé un événement littéraire universel, fut la réprésenta-
tion magnifiquement menée de la superbe tragédie de Babylone. L'année précédente le public avait été initié au théâtre de la R ✝ C
en entendant le fils des Etoiles si magistrale-
ment interprété par Mlle Josset, et un millier de

spectateurs s'étoient émus à cette énonciation
splendide :

*L'amour est la forme attrayante de la dou-
leur.*

Cette fois il s'agissait d'une tragédie classique en cinq actes, en prose lyrique, sur une
époque dont la littérature dramatique n'avait
jamais abordé l'étude. J'ai fait allusion aux
difficultés matérielles inouïes que nous avons
éprouvées à improviser en vingt jours de toutes pièces, la réalisation d'un pareil spectacle :
une merveilleuse réussite vint récompenser
cet indicible effort. Six représentations réu-
nirent environ six mille personnes, et les acclamations furent incessantes, retentissantes
et unanimes. Nous fûmes vaillamment aidés
par d'éminents artistes : Hathier, nouveau
Mounet-Sully, Daumerle, Raymond qui s'é-
tait déjà illustré dans la représentation d'Axel,
Mᶩᶩᵉ Mellot, Mᶩᶩᵉ Lara, prédestinées toutes
deux à de si beaux succès.

Ici se présente à ma mémoire un spectacle
du plus haut intérêt et que je n'aurai garde de
passer sous silence. Un groupe d'ennemis de
la Rose✝Croix, non systématiques mais im-
bus de préventions, était venu dans l'inten-

tion bien arrêtée et largement annoncée de siffler l'œuvre du Grand Maître. Mais ces ennemis se trouvèrent être des hommes sincères, fait aussi rare que précieux.

Après le premier acte, les anabaptistes farouches ne manifestèrent en aucune façon et se maintinrent dans un obstiné silence. Ils étaient déjà désarmés et la grâce commençait à agir sur eux. Le second acte achevé, le terrible groupe se laissa aller aux battements de mains réitérés, tout ahuri de la beauté de l'œuvre. A l'issue du troisième acte les applaudissements furent des acclamations, qui devinrent débordantes et délirantes à la nouvelle baissée du rideau. Quand la représentation fut parachevée, les adversaires acharnés étaient devenus d'entousiastes partisans. Ils enjambaient tous les bancs et toutes les consignes pour cribler l'auteur de leurs félicitations, et leur exaltation esthétique prit un tel caractère d'ampleur et d'acuité que les personnes se trouvant à vingt pas des envahisseurs purent croire un instant qu'ils hurlaient des injures : c'était vraiment avec l'aspect extérieur de l'indignation et de la fureur, qu'ils criaient tous, les poings tendus, au grand

dramaturge légèrement médusé : c'est du génie! vous avez du génie! je vous dis que
vous avez du génie!

Les meilleurs esprits comparèrent Babylone
à Parsifal. Chose étrange ! en la circonstance,
les marques bruyantes d'approbation ne vinrent pas seulement de l'élite : les simples
ouvriers terrassiers qui travaillaient au Champ
de Mars, sollicitaient chaque jour très dévote-
ment l'entrée sous l'immense tente qui formait
salle de spectacle, à l'endroit vraiment si grandiose où Mérodack, au désespoir, outrage et
renverse à terre les images de ses dieux.

Ces hommes grossiers, sans aucune cul-
ture, presque absolument illettrés étaient em-
poignés par l'irrésistible vigueur du drame.
Dès que le deuxième acte était commencé, ils
s'accumulaient en foule à la barrière de la
commanderie pour obtenir l'entrée de faveur,
avec cette expression peu variée dans sa forme
mais énergique et violente dans sa naïveté : M.
le commandeur, M. le commandeur : Est-ce
que c'est bientôt qu'on chambarde les dieux!

Et après l'acte ils s'en retournaient docile-
ment à leur besogne, pleins de reconnaissance,
tout enfiévrés d'admiration, bien résolus à

solliciter le lendemain une nouvelle entrée qui leur fut accordée invariablement. La Presse ne réfléchit point les grandes impressions du public. A part cinq à six feuilles qui subirent la contagion de l'enthousiasme universel, l'ensemble des journaux garda une froideur injuste qui ne fit au reste que souligner les magnificats des spectateurs. Les louanges de la presse sont depuis longtemps assujetties à un ensemble de conditions longues et difficiles à réaliser, à des combinaisons extrêmement complexes auxquelles ne peut songer l'homme qui possède avant tout le souci de son œuvre. Mais malgré le silence habituel de la plupart des organes de publicité, assez d'auditeurs bénévoles étaient venus et avaient été charmés pour qu'une immense réclame se trouvât faite à la sublime tragédie. Et l'on se dit encore après huit années révolues : Étiez-vous à Babylone? Vous rappelez-vous Hatthier foulant aux pieds les idoles !

En ce temps-là survinrent à la commanderie deux visites singulières, une blonde au caractère absolument brun, et une brune de la nature la plus blonde qui se puisse imaginer. La première, Mey, était une jeune

écossaise, riche, libre et fantasque, voya-
geant pour son plaisir, extrêmement curieuse d'art et de mystère, paraissant à
toute minute vouloir glisser sur le chemin de
l'amour, et ayant la conversation la plus
étrange, la plus à bâtons rompus... Pleine
d'une vive insistance en ses interrogations, je
ne tardai point à comprendre qu'elle pré-
tendait à une initiation complète rosi-crucienne, et avec tous les ménagements dont
est capable la plus minutieuse courtoisie,
je fus obligé de lui faire connaître qu'une
femme ne pouvait être adéquatement initiée.
Elle se vexa beaucoup de ma discrétion et
s'efforça de se venger en excitant ma curiosité sur elle-même afin d'avoir le plaisir de
s'enfermer dans une énigme : je n'ai jamais
su son nom véritable ; elle s'affubla simplement de ce petit nom conventionnel de « Mey »
sous lequel je la désigne dans l'un des casiers
innombrables de ma bibliothèque mémoriale.
Je fus tenté à plusieurs reprises de la suivre
pour percer son incognito qui ne laissait pas
de m'intriguer ? Finalement j'y renonçai par
loyauté pure et simple. Du moment que j'op-
posais un silence impénétrable à toute une

série s duc seqestions, je jugeai indélicat de
chercher à soulever le voile dont elle s'enve-
loppait. Les visites de cette compatriote de
Walter Scott, nombreuses et longues, devaient continuer pendant trois années. Tout
autre était la propriétaire des magnifiques cheveux noirs que je signalais il y a un instant
et qui était aussi blonde de tempérament, de
caractère et d'instincts, qu'elle était brune au
point de vue capillaire. Celle-là n'offrit point
de non possumus à mes investigations, je
sus, au bout de vingt-quatre heures, son nom
et son adresse et je pris bien longtemps
plaisir à platoniser avec cette femme absolument charmante et douce, au regard tout
chargé de caresses naïves ne pensant jamais
à mal et provoquant une sympathie profonde
tout à fait exempte du moindre sentiment pas-
sionnel. Je la désignerai sous le nom très peu
transparent de baronne Albanère. Elle se
laissait aller à des aveux tout innocents et
vraiment adorables dans leur candeur :

« *Parmi ces hommes que je connais mon
mari compris, personne ne vaut mon commandeur.*

Lorsque mon commandeur me parle littéra-

ture, art, psychologie, il me trouble fortement.

J'aime ce trouble et je désirerais qu'il me fut procuré et le plus souvent possible.

Un jour elle dit à l'une de ses cinq fillettes qui demandait un petit frère :

Mon enfant il faut s'adresser à M. de Géburah qui est un grand magicien et dont le pouvoir est illimité. Nous lui dirons de venir chez nous et il nous fera un beau petit commandeur.

Et aucune arrière-pensée ne se cachait derrière ses surprenantes naïvetés d'âme et de langage. Albanère était véritablement une honnête femme je me plais à lui rendre cet hommage anonyme, nous continuâmes à nous voir bien longtemps, cinq ou six ans peut-être, puis, sans motif, sans raison aucune, elle disparut de notre horizon doucement, insensiblement, d'une façon pour ainsi dire subreptice : Elle mit à s'éclipser l'harmonieuse inflexion qui était dans tous ses gestes, dans toutes ses paroles.

Je regrettai beaucoup cette occultation ; il est à la fois si agréable et si rare de trouver à réellement platoniser, sans aucune préoccupations sensuel sans nul embarras de pas-

sion. Je ne puis passer sous silence une autre
rencontre de la même catégorie, une chanteuse
à la fois artiste et philosophe attirée vers la
Rose ✝ Croix comme tant d'autres par le prestige de la renommée et du mystère, fort jolie,
désirable même, paraissant d'une tenue parfaite et capable de causer métaphysique une
heure durant, sans faire aucun impair, sans
échapper aucune bévue. Je la nommerai Aexie.
J'écoutais disserter Aexie avec un plaisir véritable, mais pour être bien franc et bien véri-
dique, bien que je n'aie jamais eu la moindre
intention de lui manquer de respect, je prê-
tais, au cours de ses monographies, une attention peut-être moins grande au sujet traité par
elle qu'à ses jeux de physionomie, qu'aux mouvement vifs et alertes de sa bouche et de ses
yeux, qu'à tout l'ensemble pimpant et agité
de sa petite personne, ensemble qui contras-
tait assez étrangement avec la gravité des matières par elle examinées. Aexie était intelli-
gente et bonne, entièrement incapable de
mal faire.

Il n'y eut point cette année-là que des épi-
sodes charmants, que d'agréables anecdotes. Les fournisseurs très variés auxquels

4

nous dûmes nous adresser ne se firent pas faute de nous traiter comme un champ d'exploitation : la presse hostile ne faillit point — *en son sacerdoce* — au devoir impérieux de nous déchiqueter et de travestir notre œuvre. Il n'y eut pas jusqu'au nombreux public fréquentant notre exposition qui ne se livrât parfois à de peu aimables démonstrations. Je me rappelle une singulière histoire. Un commandant en retraite, fastueusement décoré vint me demander, d'un ton autoritaire, l'âge de Mademoiselle Euterpe *** une des artistes les plus dévouées et les plus sympathiques à la R ✝ C et qui a toujours mis à la disposition de nos représentations, à titre absolument gratuit, son talent si souple, si original et si puissant. J'aurais pu simplement hausser les épaules devant la question incongrue du nimrodien, mais cette incongruité même m'exaspéra et je dis à l'ex-galonné que s'il eut été encore en activité de service je l'eusse signalé à son supérieur hiérarchique immédiat. Le bonhomme entra en fureur et parla de me provoquer, sans insister du reste quand il me vit tout prêt à le satisfaire. Il s'exhala en menaces et

trouva autour de lui un groupe d'une quinzaine de personnes, l'appuyant de leur approbation, et prétendant que nous devions au
public *les renseignements les plus étendus
sur tous les artistes par nous employés.* J'en-
trai en une sainte colère, et je me mis à ex-
pulser cette foule qui toute grognante et mau-
gréante se retira néanmoins, M. le commandant compris, en annonçant que ma conduite
inhospitalière serait signalée à qui de droit.
Ce vague personnage ne m'a jamais transmis
le moindre blâme, mais notre ami le vaillant
musicien Bénédictus qui assistait à la scène
et qui en avait vu les détails avec plus de
netteté que moi-même, m'affirma souvent depuis le charme tout à fait inédit de ce spectacle : un simple civil chassant une multitude
commandée par un foudre de guerre. . .

Pauvre foudre. . . . .

Nous eumes dans cet inoubliable dôme
central plusieurs propositions présentant un
intérêt notable : des offres de subventions sérieuses : aucun n'aboutit en raison de notre nature réfractaire à l'accaparement, devant notre
refus invincible de nous laisser confisquer par
quiconque. Les quelques mécènes, peu nom-

breux disons-le, qui se présentèrent auraient
voulu s'emparer de notre idée et de notre
organisation, et traiter en pays conquis cette
chose considérable qui était l'épanouisse-
ment au soleil d'une grande conception
artistique. Nous n'eumes jamais la moindre
velléité de céder. Nous ne consentîmes
point à brocanter le moindre fragment du
voile d'Isis. Et toutes les générosités s'éva-
nouirent... Nous dûmes reconnaitre que certains fantaisistes particulièrement opulents
nous eussent domestiqués avec une pleine
satisfaction, mais que la race pure des dévoués à l'idée n'existait pas sur les plans ar-
gentifères. Beaucoup de paroles, beaucoup de
gestes, de protestations admiratives et des
louanges de toute espèce, mais décidément
peu de louis d'or dans la noble escarcelle
tendue au nom sacré de Montsalvat.

Mais si nous goûtions quelques amertumes
au spectacle des rosseries humaines, quelle
compensation dans la vie fiévreuse que nous
imposait notre exhibition fantastique : Lever
dès la première aube, empressé, rapide, sous
les dernières impressions des beaux rêves qui
exaltaient toujours en un plan supérieur la réa-

lité déjà superbe. L'ingestion presque indiffé-
rente, brusque et bousculée d'une nourriture
quelconque, les bonjours de famille à la va-
peur expédiés, et la précipitation vers le
grand dôme, ce panthéon de nos destinées.
Des voitures quand on. le pouvait, en vérité
rarement ! Mais quelle marche accélérée et
gymnastique, avec des allures d'assaut et
de conquête, quelle ardeur dans tous nos
muscles, en la décision de notre marche en
avant. J'avais toujours cette impression, vrai
cadeau du ciel miséricordieux, qu'une grande
réalisation nous attendait et que l'ouverture.
des portes nous ménageait quelque surprise gigantesque. On ne sait pas jusqu'à quel
point cet amour des rêves est un soutien pour
la vie, comme on se prépare à l'action pratique et féconde, dans les emballements de
l'entracte idéal. Dès notre entrée, l'arrivée de
la foule aussi bariolée de costumes que de sentiments. Des grands, des humbles, des *illustres, des clarissimi,* des tout petits, parfois
des ambassadeurs, des ministres, des artistes, des lettrés, des savants, des nobles, des
bourgeois, du populo même, toute cette théorie aussi disparate de sentiments que de plan

4.

social et de costume, ne s'intersectionnait qu'au
point central magique de l'invincible curiosité.
Le séjour à la commanderie n'offrait pas une
seule minute de réflexion possible et de tran-
quillité, il fallait renouvelant la dictée de Cé-
sar, répondre en moyenne à cinq à six personnes à la fois et sur les matières les plus diverses : il fallait ouïr et satisfaire simultanément
les artistes les curieux, les employés, les fournisseurs, les ouvriers du Champ de Mars, vivement intéressés à la Geste, les personnages
officiels, les acteurs et actrices, les auteurs innombrables de propositions sansationnelles,
les journalistes qui pullulaient, sans que l'on
put au milieu du brouhaha, parmi le croisement
incessant des demandes et des réponses dia-
gnostiquer sûrement si le reporter interwiewer
était un ami, un indifférent ou un ennemi. A
tout instant il fallait interrompre une disserta-
tion métaphysique des plus hautes pour vérifier une addition sur quelque note fantaisiste,
ou corriger au vol quelque bout d'épreuve de
quelque mandement destiné à l'affiche ou à la
parution dans les feuilles. Ajoutez les incess-
santes et véhémentes sollicitations aux fins
d'entrées de faveur, dont nous étions très par-

cimonieux, la discussion des titres allégués par
les pétitionnaires, l'affluence prolixe des re-
merciments émis par ceux qui obtenaient, la
rancœur parfois violente et tapageuse des repoussés et évincés, l'examen fréquent des cas
douteux, des conjonctures embarrassantes, la
garde de nos catalogues très chers cette année-
là et que maint visiteur s'efforçait à subtiliser,
la surveillance incessante du tourniquet et sa
vérification in fine, on aura une faible idée du
casse-tête subi par les R+C, Grand Maître, commandeurs, chevalliers écuyers et servants
d'œuvres. Vers le milieu du jour on s'échap-
pait à la hâte pour prendre en quelque infect
caboulo du Gros-Caillou une nourriture aussi
défectueuse que hâtivement ingérée, sans songer même parfois, vu la précipitation de nos
mouvements, à retirer nos insignes devant
lesquels clients et garçons restaient bouche
bée. Après d'exécrables déjeuners on ren-
trait fébrilement au dôme où une simple absence de vingt minutes avait suffi pour accu-
muler à la porte de la commanderie une queue
hétérogène, où les vieux coudoyaient les éphè-
bes, où les femmes se mêlaient aux prêtres, où
les ambassadeurs, les gens du faubourg St-Ger-

main, les étrangers, les provinciaux, les employés, les soldats, les collégiens en rupture de
pensionnat se confondaient et l'on peut dire
s'entrechoquaient, et voulaient tous posséder
une bribe de renseignement quelconque, souvent inutile et même saugrenu, avant d'aller
se perdre dans l'immensité de cette galerie
de deux cents mètres qu'il fallait encore,
quinze et vingt fois par jour, traverser et
retraverser au pas de course, dans toute sa
longueur éreintante. Et la police qu'il fallait
faire pour l'exécution, vers les six heures du
soir de la fameuse jussion : ON FERME! qui sur-
prenait toujours les spectateurs de la façon
la plus désagréable, et la numération de l'argent perçu, avec double et triple contre-
épreuve, et l'entassement des louis, des écus
et des pièces blanches dans un vieux sac mal
assuré qu'il ne fallait point perdre de vue.
Après l'issue, le retour pénible, presque toujours sans aucun mode de locomotion autre
que le pédestre, un repas du soir au cours
duquel la faim et la soif luttaient contre la
fatigue envahissante, enfin la chute éperdue
au bras du sommeil réparateur qui vous sai-
sissait comme un fauve dans ses griffes, quand

quelque obligation impérieuse se rattachant à
la Geste, ne vous contraignait pas à des veil-
lées, à de nouveaux périples parmi les ombres
de la nuit. Le dernier jour, après la clôture
définitive de l'exposition, notre retour fut singulièrement pittoresque. Il s'opéra, excep-
tionnellement en voiture, et nous entassâmes
dans un humble flacre tout le bric-à-brac de
nos accessoires de théâtre, toute la guenillerie
de nos oriflammes polychromes, roses et noires, noires et blanches, jaunes et bleues, qu'un
mois d'usage avait décolorées et fripées, toute
la ferblanterie de nos Dieux... Et un vrai sac
d'encens que nous n'avions pu épuiser en dépit d'une combustion incessante qui nous im-
prégnait d'odeurs hiératiques, et les moules
à tarte qui avaient, pendant la représentation
sublime, servi de réceptacles aux « cendres
des aïeux ».

Les gens qui regardaient passer ce char nu-
méroté, encombré de toutes ces frusques s'é-
bahissaient et s'inquiétaient : ils ne pouvaient
en aucune sorte soupçonner l'enthousiasme
fervent des voyageurs entassés là avec leur
matériel démoli, se transfigurant à leurs propres
yeux en chevaliers du Graal, en marcheurs

apostoliques. La deuxième Geste s'achevait aussi triomphale que la première, avec un accroissement notable de bravos et de sifflements de dilections et de haines, d'applaudissements et de contradictions.

III

MÉRODACK

Avant l'entreprise de la troisième Geste, un douloureux problème se posa : celui que doivent résoudre les nombreux intellectuels que les flots du pactole n'abreuvent pas, et réduits à tirer par sa vilaine queue cet infernal personnage qui vous jette plus fréquemment à la face des crottins que des pièces d'or. Le coût de la campagne précédente, où nul boyard n'était intervenu, se soldait au détriment du Grand Maître par un déficit considérable : l'exposition proprement dite aurait largement couvert ses dépenses, mais les frais de l'établissement d'un théâtre et de la représentation babylonienne avaient grevé au-delà de toutes les bornes le budget de l'ordre qui se réduisait cette année-là à la cassette particulière du chef. Impossible matériellement de recommencer sur les mêmes bases : il ne vint pourtant à personne l'idée que les Gestes dussent être interrompues. Le commandeur de Géburah s'empara résolument du casque de Bélisaire et se résigna à faire la quête au nom de l'Idéal, dont nous nous déclarions les féaux en dévotion toute particulière. Cette mendicité que j'estimais avec raison glorieuse me réservait bien des amertumes, bien des pertes d'illusions sur la générosité pratique des plus emballés et des plus riches. Je m'adressai tout d'abord à un jeune marquis, très chaud partisan de notre œuvre, garçon, dépourvu de toute charge et pouvant dépenser par an soixante bonnes mille livres de rentes. Je l'appellerai le marquis de Tournesol. Tournesol alla, dans son zèle, dans son dévouement inappréciable jusqu'à s'offrir pour la surveillance du tourniquet, mais il déclara — la mort dans l'âme, toujours — qu'il ne pouvait même pas consacrer *un louis* à la manifestation d'art qu'il proclamait admirable. Je pensai qu'un certain comte que je nomme de Cerbère, par moi *extraordinairement obligé*, très favorisé de la fortune, à défaut d'autre chose, éprouverait un sentiment de gratitude et nous accorderait quelque notable obole : Le dit cerbère ne répondit à aucune missive et ne se trouva jamais chez lui. Un baron que je qualifierai de Péter — trois cent mille francs de rentes authentiques — qui avait demandé à grands renforts de supplications trois cartes de faveur, sans doute pour ses domestiques, le baron Péter m'affirma la main sur le ventre, à l'énoncé de ma requête, qu'il avait un des meilleurs cuisiniers de la capitale, et que chaque fois qu'il me plairait de partager sa pitance, le matin ou le soir tout le plaisir serait pour lui. Un fils de gros banquier m'objecta ses différences quotidiennes au baccarat, un propriétaire de mines se retrancha derrière les grèves incessantes dues à la faiblesse du gouvernement, un clubman artiste prétendit cyniquement que les plaisirs de toute sorte, distractions nécessaires au support de cette « *chienne de vie* » absorbaient toutes ses disponibilités. Je ne me lassai pas facilement de tendre la sébile du grand art, et l'énumération de mes déconvenues constituerait une litanie fantastique d'invraisemblances et de dégoût. Comme l'année précédente, je rencontrai

ça et là quelques vaniteux très métalliques, qui
eussent dépensé sans compter, à la condition de
mettre la Rose ✝ Croix dans leurs poches. Je
répondis à l'un de ces philanthropes, c'est le
nom que leur donne la Presse, m'appuyant sur
un texte de prière ecclésiastique : Monsieur,
le pain des anges n'est pas destiné aux chiens.

Il me répliqua : Rien pour rien, je suis assez
riche, payez-moi en encens.

— Vous n'avez qu'a humer, lui retorquai-je,
celui que nous brûlons chaque jour, et dont le
parfum peut être respiré indistinctement par
les malandrins et même par les caniches de
ces dames.

Je dois mentionner, à l'honneur de celui
que je désigne, qu'un jeune comte florentin,
surtout riche en enthousiasme esthétique,
parfait gentleman, et remarquable intellectuel, voulut prendre à son compte une nouvelle série de représentations babyloniennes.
Qu'il reçoive ici publiquement un témoignage
de gratitude qu'il mérite à un titre éminent entre tous les zélateurs officiels de l'œuvre. Cependant mes recherches personnelles étaient
infertiles, et il me fallait un minimum de
200 louis pour que la troisième Geste pût s'or-

ganiser. Tout en désespérant presque devant
la veulerie et la chiennerie de ceux qui auraient dû nous secourir, je m'acharnais, je
persistais et comme je m'y étais pris longtemps d'avance, ma campagne prit les proportions d'une immense corvée... Ici comme ailleurs la Providence veillait... en ses voies impénétrables... le mot est bien juste car en
vérité le salut de la manifestation troisième,
en l'an 1894 de la Rédemption, provint d'une
source tout à fait inattendue...

J'ai toujours dans ma vie répandu mes
bienfaits, manibus plenis, et comme je l'ai dit,
souvent, je serai escorté à ma mort devant le
Trône du grand juge par une armée d'obligés
qui demanderont pour moi absolution et miséricorde. Il existait, il y a une dizaine d'années,
je puis maintenant le désigner en clair puisqu'il est mort sans postérité, et que ma cita-
tion ne comporte envers lui qu'une grande et
équitable louange, il existait un vieux petit
gagne-deniers qui vivait de prêts plus ou
moins usuraires faits aux étudiants et employés d'administration. Il était au reste assez
modéré dans son usure et ne dépassait jamais
huit pour cent. Il répondait à la dénomination

balzacienne de Fourchon. J'avais un jour rendu
à Fourchon sans le connaître un petit service de quatre sous : je l'avais recommandé au
juge de paix en un cas où une mauvaise que-
relle lui était cherchée, et mon appui lui avait
été salutaire. Je l'avais complètement oublié
parmi la foule innombrable de mes incessantes opitulations. Un matin, comme j'allais par-
tir en quête, Fourchon se présente, se rappelle
à mon souvenir et me tient ce langage im-
prévu :

— Monsieur et cher bienfaiteur, j'ai appris
bien par hasard que vous étiez a la recherche
d'une petite somme pour organiser votre exposition.

— Rien de plus vrai M. Fourchon.

— Je me suis même laissé à dire que vous
éprouviez pas mal de difficultés.

— M. Fourchon, de rechef l'on vous a bien
renseigné.

— Je vous prête la somme.

— Bah ! Bah !

— Combien vous faut-il ?

— Quatre mille.

— C'est fait..... Les voici.

Et il tira d'un crasseux portefeuille les billets bleus bien sales mais bien authentiques.

— Mais M. Fourchon... vous m'embarrassez.

— Vous Monsieur vous m'avez jadis tiré d'un fort ennui, je me souviens voilà tout, c'est très simple.

— Moins que vous ne pensez, M. Fourchon... mais enfin voyons. Il faut que vous me posiez des conditions très douces.

— Mes conditions sont absolument nettes et ne vous paraîtront pas trop rigoureuses. D'abord je me refuse à tout reçu, vous êtes un gentilhomme, vous l'avez prouvé *en me sortant de l'eau*, votre parole me suffit.

— M. Fourchon !

— Ensuite vous garderez cet argent aussi longtemps qu'il vous plaira.

— Soit... pour vous faire plaisir.

— Enfin je me refuse à tout intérêt qui dépasserait le cinq pour cent légal.

Je tendis la main à Fourchon et j'acceptai ses conditions inattendues. J'ajoute sans plus tarder que le lendemain même de la clôture de l'exposition je pus restituer à ce gentleman-robber son avance si obligeamment consentie. Après l'avoir chaleureusement remercié je le priai de revenir le lendemain à la même heure et je m'amusai à lancer une quinzaine de petits bleus aux diverses adresses des personnes qui n'avaient pas accueilli ma sébile. Il en vint cinq à six. Je leur présentai Fourchon, je leur exposai sa générosité confiante et ma reconnaissance et terminai par cette parole bien en situation : Je désirais, Messieurs et chers amis, vous présenter cette curiosité extrêmement rare : un gentilhomme.

Cette petite vengeance bien innocente et bien douce ne m'a point été pardonnée.

Quoiqu'il en soit, grâce à un tel secours, la Commanderie put se mettre en mouvement pour la location d'une salle. Il ne fallait plus songer ni à Durand-Ruel qui était fort cher, ni au dôme Central qui imposait par ses dimensions et son éloignement de trop excessives fatigues. Nous arrêtâmes la galerie des artistes contemporains rue de la Paix, un local en bonne situation, mais un peu exigu : nous en fûmes quittes pour nous montrer plus sévères dans la réception des œuvres d'art, n'ayant plus deux cents mètres de cymaise à couvrir comme l'année précédente.

Le vernissage demeura dans la tradition de

foule énorme et de non pareil encombrement ;
les visiteurs dépassèrent assurément le nombre de dix mille, la circulation fut interrompue
sur la voie publique de neuf à six heures du
soir, et vu l'étroitesse des locaux, l'énorme
majorité des curieux se trouva consignée à la
porte. Du refuge de l'Opéra à la colonne Ven-
dôme les équipages s'entassaient, l'engoue-
ment ne s'était point ralenti. La presse, comme
les années précédentes, nous ouvrit largement
ses colonnes, et nous fûmes accablés comme
toujours, de louanges et de blâmes, d'adhésions
hyperboliques et de sottes insultes, de railleries amères et de bravos. Notre première exposition avait présenté les deux tendances, bien
distinctes de ta tradition classique et de
l'impressionisme. La deuxième avait exhibé —
forcément — une masse énorme d'œuvres de
mérites fort différents : cette fois une sélec-
tion rationnelle put être opérée, les saints
canons de l'art furent à peu près respectés, le
tachisme et le pointillisme furent presque
entièrement exclus. Les feuilles les plus hos-
tiles, qui à aucun prix n'eussent consenti à
nous adresser la moindre félicitation, se trouvèrent obligées de convenir que la Rose ✝ Croix

s'assagissait. Les critiques d'art, même malveillants, se livrèrent à des études longues et sérieuses, nous n'étions plus des envahisseurs bruyants, s'étant emparés par surprise des tréteaux de Tabarin et battant la grosse caisse pour assembler la multitude ; nous étions des conquérants, nous étant saisis, définitivement de l'attention publique, et nous maintenant avec constance et vigueur sur le terrain de nos acquisitions. On était forcé d'avouer, que sous la ferblanterie, il y avait quelque chose, et quelque chose d'intéressant et de captivant.

Je n'ai jamais pour ma part admis la sincérité des personnes qui nous reprochaient nos bannières, nos rubans, nos insignes et l'effusion de notre encens, non plus que les titres retentissants dont nous aimions à nous revêtir. Il faut connaître l'humaine nature, et la traiter selon la connaissance qu'on en possède. Une simple exposition d'art idéaliste avec un directeur, un administrateur et un secrétariat n'eut pas produit la dixième partie de l'effet que nous fûmes à même de constater à chaque Geste. Si ma commanderie s'était simplement appelée : bureau, avec une af-

fiche sur carton blanc, j'eusse manqué
assurément les plus intéressantes visites atti-
rées par un écriteau polychrome, des bannières
de couleur insolite, et ce grand cordon de
ma charge que je portais sans cesse avec autant de sérénité que de conviction. Dans les
critiques qui furent faites de nos extériorités,
entrait pour une bonne portion la jalousie
intense que nous avions excitée de tous les
côtés. Nous gênions considérablement le petit
train-train ordinaire des expositions vulgaires
et des petits salons d'à côté. Nous n'étions
pas un petit salon à côté, mais l'expression, la
représentation, sans doute imparfaite, d'une
grande idée. Nous étions appuyés sur une
doctrine, on s'en rendait compte, on le sentait
rien qu'à l'impression générale éprouvée en un
tour de salle ; la guerre déclarée au réalisme et
aux poncivités banales, s'accusait avec une
irrésistible évidence, nous avions déjà par notre simple exemple démoli bien des idoles,
jeté à terre bien des faux dieux.

Nous eûmes un chagrin.

Nos grands chefs de file s'abstinrent d'exposer, dans la crainte de commettre dans une bagarre leur réputation inébranlablement assise.

6.

Je n'ai pas à apprécier cette attitude qui après tout est humaine et compréhensible. Le Nautonnier arrivé au port, après bien des tempêtes, n'aime pas à se livrer de nouveau aux caprices de la tourmente et à risquer des avaries toujours désagréables. Mais si les illustrissimes ne nous confièrent pas leurs toiles, ils nous soutinrent énergiquement et nous témoignèrent leurs sympathies par de fréquentes visites. Nous étions bien les bons lutteurs d'avant-garde, livrant pour leurs formules d'acharnés combats, recevant sans lâcher pied les horions et les blessures. Quelques-uns, trop pitoyablement peut-être, nous traitaient d'enfants perdus, dignes d'être encouragés. Cette comparaison partait d'un bon naturel mais était exagérée. Et aujourd'hui combien de maîtres ont émergé de cette Théorie si contestée et si contredite, et quel immense effet, j'y reviendrai plus tard, est résulté de nos manifestations. Nous savions bien que l'approbation des plus hauts nous était acquise et qu'ils se réjouissaient en eux-mêmes de tous nos efforts, de toutes nos batailles, de nos formidables assauts à la forteresse de la routine, à la citadelle du terre à terre et de la médiocrité. Et nous nous con-

solions en somme de n'avoir point la partici-
pation officielle de ceux qui « in petto » nous
soutenaient de tout leur cœur. Leur abstention
étant conventionnelle, chacun s'en rendait
compte, même dans le gros public.

Grâce au dévouement et à la générosité du
jeune comte Florentin dont je parlais tout à
l'heure, nous pûmes organiser à la demande
d'une centaine de lettrés du plus haut vol
une nouvelle série des représentations dramatiques dans la formule Rosi-Crucienne. Ce
fut le chef d'œuvre déjà exhibé l'année précédente, dans l'immensité du dôme central que
nous exposâmes de nouveau à l'admiration
universelle, Babilou.

Impossible de songer cette fois à improviser un théâtre. Rendons à chacun ce qui lui
est dû. Grâce à l'intervention active d'un de
nos amis de haute intelligence et de grand talent dont je livre le nom à la gratitude des intellectuels, grâce à Fernand Hue, le directeur
de l'Ambigu, M. Grisier mit son théâtre à notre
disposition dans les conditions les plus bénig-
nes et les plus avantageuses. Quatre salles
entièrement bondées de toutes les notabilités
littéraires de Paris acclamèrent de nouveau

Mérodack Baladan, l'archimage Nakounta, sa
fille Samsina, et même la brute nemrodique,
le farouche Sennakirib. Malgré tous les obs-
tacles accumulés par la colère des rivaux,
malgré l'état de santé d'Hathier, le principal
interprète, qui eut la vaillance de jouer tout
malade qu'il était, en dépit de toutes sortes
d'anicroches, les unes provenant du hasard,les
autres de la méchanceté humaine,la gloire du
chef d'œuvre éclata de nouveau, il se trouva
être l'événement parisien de la saison.
M.Grisier témoigna sa satisfaction d'une façon
extrêmement précieuse : il accorda dans ses
propres magasins, un asile perpétuel aux en-
combrants décors de la pièce, et ce n'a point
été sa faute si un incendie survenu quelques
années plus tard a anéanti ces vestiges derniers d'une grande victoire intellectuelle rem-
portée en plein Paris par un groupe anti-offi-
ciel qui avait soulevé autour de lui, au point
de vue quantitatif du moins, bien plus de haines que d'admirations. Mais si l'on raisonne
qualitativement, il est certain et indubitable
que l'œuvre obtint la pleine et enthousiaste
adhésion de tous les dramaturges loyaux, de
tous les cultivés sincères. Bruxelles voulut

avoir Babilou : toute la troupe improvisée se
transporta en cette belle capitale qui a la coutume d'offrir une si large hospitalité à toutes les
manifestations du grand art. Triomphant de
difficultés matérielles inouïes, la R✝C put
aboutir au jour fixé, et la Belgique intellectuelle ne ménagea point ses acclamations
à la tragédie Chaldéenne. Un groupe Rosi-
crucien se forma aussitôt sous l'impulsion
du peintre Jean Delville, un des héros de
la troisième Geste, l'auteur si admiré de la
Tête d'Orphée. Nous voulions pousser jusqu'au bout nos triomphes et représenter
encore la trilogie de Prométhée, génialement
restituée par le Grand Maître de l'Ordre, mais
ce fut le temps qui nous manqua, et cet ouvrage de première beauté, unanimement refusé par les théâtres officiels n'a pas encore vu
les feux de la rampe.

Le commandeur de Géburah tint à suivre
de loin les traces de son chef de file et par-
vint à organiser dans une petite salle de
Montmartre la représentation de son drame
moderne Excelsior; scène qui se déroulait
dans un milieu tout contemporain mais selon
la formule Rosi-crucienne. Une jeune patri-

cienne est follement aimée par un poète
aussi noble qu'elle mais indigent. Elle lui
rend pleinement son amour. Mais sa morgue
de caste lui fait refuser le mariage avec d'im-
compréhensibles colères, d'inoubliables dure-
tés. Elle épouse, dans son grand monde bébête
et futile, un porteur quelconque de huit reflets, et à la suite de cette concession aux
mœurs de son faubourg, voudrait bien poursuivre ses flirts de naguère avec le malheureux Chatterton que son cruel orgueil a dé-
sespéré. Mais Chatterton est pour le moins
aussi fier que la duchesse de Largeay et il refuse comme maîtresse celle qui n'a pas voulu
être sa femme. La duchesse se venge comme
la pire des rosses de son sexe, et trouve
moyen de faire condamner sa victime comme
coupable de vol, du délit le plus vil. Puis elle
est envahie par le remords et au dénouement
vient se jeter aux pieds du poète affreusement
déshonoré. Elle est devenue veuve et offre
le mariage refusé si brutalement autrefois.
Le poète pardonne pleinement mais refuse le
sacrifice de la duchesse. Il demeurera l'époux
mystique de la femme régénérée. Ce drame où
se révéla une comédienne de grand talent,

Mme de Bellac, fut accueilli avec la plus extrême faveur, trois fois à la petite salle Dupré,
une fois dans cette triste B*** — dont il faut
se garer avec tant de soin, conseil pratique —
enfin au grand théâtre du Havre. J'ajoute que
ni le Français ni l'Odéon n'en ont voulu,
bien que d'après les hommes compétents
un important succès fût assuré à cette œuvre.
L'Odéon jugea que la duchesse se vengeait
d'une façon trop effroyable et craignit de
mécontenter le sexe — drôle de prétexte.
— Le lecteur de la Comédie, mon ami
Edouard Cadol, me fit cette réponse bien to-
pique :

« Vous méritez, sans conteste, la lecture et
la représentation, mais vous échouerez devant
le Comité, infailliblement, en raison de la
trop grande sincérité, de la trop haute loyauté
de votre œuvre qui chagrinerait, à n'en pas
douter, la petitesse et la mesquinerie atroces
de notre public habituel ». Cadol me conseilla
d'aller à un théâtre des Boulevards où il me
pronostiquait une réception certaine et qua-
tre-vingts représentations. Ma pièce dormit cinq
mois durant dans les cartons dudit théâtre et
je la retirai en faisant claquer les portes

avant que le directeur en eut pris connaissance. Mon exécration de l'attente, ma haine farouche pour les factions d'antichambre, m'ont empêché et m'empêcheront, sans doute, à jamais d'être un auteur dramatique, bien que je fusse absolument prédestiné à cette spécialité lucrative. J'ai fait avec Excelsior un roman qui a eu le sort moyen des romans d'aujourd'hui : le drame lui-même sommeille dans mes tiroirs et il y a peu d'apparence qu'une diane glorieuse vienne jamais exécuter pour lui la fanfare du Réveil.

La troisième geste vit surgir une admirable femme vraiment créée pour être l'Égérie de la Rose ✝ Croix, l'Égérie absolument platonique. Je l'indiquerai sous les simples initiales : Mlle de S. S. impénétrables par la foule, entièrement claire pour les initiés. Mlle de S.S. est peut-être la femme la plus parfaite au quadruple point de vue, physique, moral, intellectuel et artistique, qui ait jamais passé dans le champ de ma vision. Sa splendeur de blonde ardente aux grands yeux noirs, dut être incomparable, et cette beauté était adjuvée par une intelligence supérieure, des fa-

cultés musicales prodigieuses, et par dessus
tout une tenue impeccable jointe à une importante fortune : tout l'ensemble de ces
dons réunis dans son berceau par la théorie des bonnes fées devait lui assurer un des-
tin admirable de gloire et de bonheur. Nulle
futilité, nul amour des fanfreluches, mais une
haute entente de l'élégance et de la Véture
qui la faisait toujours distinguer entre toutes
dans les milieux les plus difficiles, les plus
disposés à la critique et à la sévérité. Nulle
frivolité de caractère, mais toutefois un grand
amour du monde où longtemps elle brilla
comme une perle rare, comme un diamant
d'une pureté unique et d'un invincible éclat.
Et Mlle de S.S. n'a pas eu de destinée. Au
moment où elle eut été en situation de tout
conquérir, ses parents devinrent infirmes, et
elle se consacra au soin de ces vieillards avec
un dévouement muet et persévérant, ne se
plaignant jamais, n'exprimant pas un regret,
ne manifestant pas une rancœur, et montrant
que, parmi toutes ses hautes qualités, les principales se trouvaient être la piété filiale et
la grandeur d'âme.

Il existe quelques personnes qui à l'instar

de Mlle de S. S. s'envelissent dans l'obscurité
et renoncent ainsi vaillamment à toutes les at-
tirances de la vie. Mais leur renoncement est
farouche, elles ne sortent plus du tombeau
volontaire où elles se sont enfermées, et ignorent volontairement tout ce qui se passe dans
le monde ambiant qu'elles haïssent pour
l'avoir abandonné ! Tel n'a jamais été le cas
de l'Égérie dont je célèbre les louanges. Quand
son labeur familial, ce que j'appellerai sa
besogne auguste, lui laissait quelque répit, elle
accourait à Paris et se retrempait avec grande
joie aux milieux artistiques et littéraires qui
étaient ses naturels éléments. La jouissance
qu'elle éprouvait en ces fugues légères trans-
paraissait aux linéaments de son visage, sans
en troubler la sérénité. Mais ces petits intermè-
des de bonheur, toujours extrèmement brefs
par ailleurs, étaient à la merci d'une lettre familiale même non pressante mais témoignant un
désir de retour. Dès lors, et sans nécessité aucune, elle abandonnait son entra'cte idéal, pour
se replonger dans l'austère existence du devoir
obscur. Sur une simple missive de ce genre,
nullement urgente, Mlle de S. S. manqua sans
hésiter la première de Lohengrin, elle, enra-

gée Wagnérienne ! Quand on songe à l'ardeur générale des Wagnériens, et que parmi ces enflammés elle était des plus ferventes, on se rendra compte du mérite surhumain dont elle fit preuve en cette conjoncture. Et sans humeur, sans ostentation, elle alla s'enfermer dans un train de nuit à l'heure même où l'œuvre du maestro sublime s'environnait d'un vaste ouragan d'acclamations.

Les affaires matérielles de la troisième Geste furent donc assez prospères pour qu'à l'issue de l'exposition il me fût possible de rendre au gentilhomme Fourchon l'argent qu'il avait eu la magnanimité roturière de me prêter. Il ne voulut aucune rémunération, et j'eus toutes les peines du monde à lui faire accepter l'intérêt légal de cinq pour cent. Il refusa même le six pour cent commercial.

Cette Geste avait pu être conduite avec une économie relative considérable, surtout grâce au dévouement infatigable du quai Bourbon, qui s'était complétement mobilisé, et avait rendu à l'ordre les plus importants et les plus signalés services. Comme l'année précédente ces intellectuels n'avaient pas reculé devant la qualité des besognes, persuadés qu'ils étaient, que tout effort même d'ordre infime, est absolument noble quand il s'effectue au service d'une grande idée.

Et l'appendaison des toiles, le transport et la plantation des décors, les courses de toute sorte, à pied ou sur les impériales d'omnibus, en ce mois de mars pluvieux ou grésilleux, les corrections d'épreuves diurnes et nocturnes, la surveillance à l'imprimerie de Clichy, l'inépuisable complaisance pour donner au public explications et renseignements, tout cela avec bien d'autres choses fut accompli par ces hommes de pensée, simplement, sans ostentation, sans espoir d'aucune rénumération de quelque sorte qu'elle fût, sans satisfaction autre que celle d'avoir été pendant quelques semaines, les *Concierges de l'Idéal*.

IV

NEBO

Maintenant l'organisation était bien établie,
l'institution bien enracinée, le Dieu Samas
avait prêté son éclat et son expansion à nos
débuts, le dieu Nergal sa combativité lors de
l'expédition véritablement transatlantique du
dôme central, le dieu Mérodack son esprit
de rectorat et de gubernation par édifier nos
fondations techniques et rationnelles, nous
allions avoir recours au dieu Nebo, le patron
de la haute politique, pour défendre et exalter
notre œuvre, non plus par la force désormais
inutile, mais par la persuasion, dont tout gouvernement, si solide qu'il soit, doit faire son
arme habituelle et préférée. Nous travaillâ-
mes cette-année là dans le but d'attirer à nous

des individualités notables auxquelles nous re-
nonçâmes d'avance à demander un concours
matériel, notre vieux malandrin de Fourchon
suffisant à tout, mais qui nous prêtèrent leur
crédit et leur considération, et firent un con-
trepoids extrêmement précieux au dénigrement
systématique d'une certaine presse fielleuse et
de certains groupes littéraires et artistiques, qui
eussent voulu nous dévorer tout cru, après
nous avoir pour le moins écartelés. L'ensemble des journaux avait salué la 3e Geste de
toutes les louanges, sans arrière-pensée, mais
les quelques folliculaires auxquels je fais
allusion s'étaient perfidement emparés de
quelques œuvres, peut-être un peu inférieures,
peut-être un peu sytématiques, pour nous
abreuver d'injures et de quolibets. Au fond ces
gens-là nous portaient une haine philosophique ; ils sentaient bien que la propagation éclatante de nos doctrines au moyen des arts plastiques nous donnait une publicité immense,
et portait aux théories matérialistes le coup
le plus redoutable qu'elles eussent reçu depuis longtemps. Ces Zoïles tout imprégnés de
la mauvaise foi la plus insigne, passaient sous
silence les ouvrages indiscutables qu'ils n'au-

raient pu attaquer sans se faire honnir, puis
perfidement, avec une rosserie parfaite, s'empa-
raient d'un tableau un peu étrange, d'une statue
un peu douteuse, pour se livrer à des éjacu-
lations d'outrages où l'on sentait bien la colère des vaincus rongeant le pied triomphal
qui les maintenait couchés à terre. Après les
critiques sur nos grands cordons et les pour-
points du Grand Maître, sur nos proclamations
et nos cassollettes d'encens, sur notre étendard
triple dont on ne cherchait pas à sonder
le lumineux symbole, on inventa de toutes
pièces des contes bleus ou plutôt noirs, qui ne
pouvaient être écoutés que par des gens à exécration préconçue. Nous avions la coutume es-
sentiellement catholique d'entendre une basse
messe à Notre-Dame avant l'ouverture de nos
expositions. Ne fut-il pas raconté dans des
feuilles à la réputation très sérieuse, qu'au
moment de l'élévation, tous les Rose ✝ Croix
avaient tiré leurs poignards, et qu'après le
saint Sacrifice le Grand Maître était monté
sur l'autel.

On nous confondait sans doute avec la famille de l'illustre comédien Frédérick Lemaî-
tre. Frédérick dans un moment de colère

avait un soir maudit ses enfants. Le lendemain dès l'aube il les arracha au sommeil et
leur dit simplement : suivez-moi. Les jeunes
gens purent croire à un nouveau sacrifice
d'Abraham. Il les conduit à Notre-Dame, entre
dès l'ouverture des portes, fait agenouiller ses
fils au nez des sacristains médusés sur les marches du sanctuaire, et s'adressant à Dieu de sa
voix la plus théâtrale il s'écrie :

Mon Dieu, dans un moment de folie j'ai maudit ces pauvres enfants... mon Dieu n'écoutez
pas cette imprécation d'un père qui déraison-
nait... bien au contraire bénissez-les... bénissez-les...

Je comprends que cet emballement paternel eût prêté à sourire, mais ce qui est plus
difficile à s'imaginer est qu'un groupe d'une
dizaine d'hommes allant entendre sans bruit
ni fracas une messe de six heures ait pu exciter
les sarcasmes en question.

Il fut affirmé également que nous prenions
une part très assidue aux sacrilèges et aux
blasphèmes de la messe noire, et une célèbre
publication qui durant plusieurs années jouit
d'une grande faveur auprès du clergé, *le Diable au* XIXᵉ *siècle* imprima tout au long que si

je m'approchais des sacrements c'était dans un but de pollution et de profanation. Quelques desservants de mon pays lurent avidement ce factum plus ridicule encore qu'infâme, et voilà pourquoi le clergé qui devrait me porter aux nues n'est pas très éloigné de me réputer digne de l'enfer.

Quoi qu'il en pût être de toutes ces attaques et de toutes ces petites rages, le vernissage de la quatrième exposition d'art idéaliste ne le céda en rien à ses frères aînés, au point de vue du concours immense des curieux de toute espèce. De huit heures et demie du matin à six heures du soir, pour ma part et portion, il me fut impossible de bouger de ma commanderie, qui, en cette salle exiguë, se bornait à être une embrasure des plus étroites, tout à fait comparable à l'armoire d'Hernani où l'empereur Charles-Quint est si mal à l'aise. Un genre de visiteurs tout particulièrement intéressant se montra : Les marchands de tableaux. Ils constataient que le mouvement Rosi✝crucien avait porté et que de tous côtés l'œuvre d'art symbolique était appréciée et demandée. Cette consécration par le monde des affaires était notable et vraiment symptô-

6

matique.Dès le deuxième jour se présentèrent
en effet plusieurs amateurs mettant à leurs
offres des prix considérables. L'évolution rationnelle et prévue s'accomplissait. L'École
de Manet se trouvait bel et bien battue en
brèche et menacée de dépossession. Les critiques impartiaux devaient convenir que l'entrée dans cette salle minuscule donnait une
impression toute particulière, à la fois vague
et profonde,portant au rêve et à la méditation,
n'ayant aucun point de commun avec l'effet
produit par les cinquante salons officieux qui se
disputaient déjà l'attention publique, et même
par ces graves salons officiels où trônaient les
pontifes de la vente contemporaine.

La première grande dame qui nous honora
de très fréquentes venues, et je dois le dire
de toute sa bienveillance,de toute son admiration, sans compter d'exquises gracieusetés,
fut la baronne de W...d'origine hollandaise et
réprésentant avec une entière dignité ce petit
peuple honnête et loyal.La baronne mariée en
Bavière était hautement apparentée, et en relations avec toutes les cours de l'Europe. Sa
bonté était vraiment parfaite son amabilité
non pareille; son intelligence d'une grande

subtilité, son exquise délicatesse lui permet-
taient de se rendre un compte exact de la portée et de la signification de notre effort. Elle
vint à *onze reprises* différentes passer deux et
trois heures à l'examen minutieux et compétent des œuvres exposées, nous amenant chaque fois des groupes d'amies appartenant à son
highlife étranger, toutes très compréhensives,
avec des dispositions et des intentions bien
nettement et bien exclusivement sympathiques. Quand un détail étonnait la baronne,
elle nous questionnait franchement sans gêne
aucune et acceptait sincèrement nos réponses. Elle professait à notre égard une affection
intellectuelle des plus vives, des plus démons-
tratives sans jamais franchir les bornes que
lui imposaient sa haute éducation et son tact
merveilleux. Nous eûmes la très grande joie,
dont le ciel à défaut du clergé doit nous tenir compte, d'amener cette âme si sincère, si
distinguée, si pleine d'élévation, à la religion
catholique dont le prestige depuis longtemps
la sollicitait.

Et à l'occasion de ce grand événement elle
voulut nous recevoir à sa magnifique villa
d'Argenteuil. Je n'ai pas gardé souvenir d'un

accueil à la fois aussi vraiment cordial et
somptueux. D'abord pour nous honorer la
baronne, s'était environnée de tous les
hôtes de distinction qu'elle avait pu réunir,
d'un véritable parterre de princes, appartenant surtout à la Colonie étrangère. Lucullus
lui-même semblait avoir présidé au repas
qui nous fut offert ; en nulle autre occasion de ma vie je n'ai pris part à un festin
semblable, sauf à la table même de notre
Amphytrionne qui à compter de ce jour nous
envoya invitations sur invitations. Après le
dîner tout le jardin fut illuminé, rien ne fut né-
gligé pour donner à cette fête l'éclat le plus extraordinaire. Nous étions comme bien on pense
l'objet de la curiosité intense de tous les
conviés au banquet de ce jour, des femmes en
particulier — une théorie de femmes délicieu-
ses, — nous pressaient de questions et buvaient
comme des oracles toutes les réponses qui
émanaient soit du Grand Maître soit de ses su-
bordonnés hiérarchiques. Nous jetâmes là de
nobles semences religieuses, philosophiques
esthétiques et même sociales. Et les idées
Rosi-cruciennes semblaient attirer puissamment tout cet auditoire exotique, entièrement

ravi, enchanté, conquis, qui eut été capable,
au moment même, de pousser l'admiration
jusqu'aux conséquences pratiques, jusqu'à
des offrandes considérables. Nous nous abs-
tînmes totalement : Fourchon pour le moment
nous suffisait et notre désintéressement ne
fut pas la moindre surprise de tous ces opulents convives qui ne demandaient qu'à nous
couvrir d'or.

Le Grand Maître développa dans son beau
langage cette pensée que l'Ordre ne demandait jamais rien au-delà de ses besoins du
moment, et ne pouvait même rien accepter au-
delà du pain quotidien. La Baronne voulut
mettre le comble à ses gracieusetés en nous
présentant à quelques jours de là, à une très
charmante et très aimable princesse, l'infante Eulalie qui nous fit l'accueil le plus empressé et le plus flatteur. Notre audience dura
une heure entière et je n'oublierai pas une
thèse soutenue par le Grand Maître à l'Altesse
qui témoignait de son goût pour le cyclisme :
Une princesse ne peut se permettre une semblable distraction, car tous ses actes même les
moindres doivent pouvoir être inscrits au
Grand-Livre de l'histoire. L'infante écouta

6.

les très éloquents développements de cette thèse avec une bienveillance extrême, elle défendit, non sans finesse, non sans énergie, son amusement de prédilection, et finit toutefois par se rendre, du moins en paroles, aux raisons supérieures qui lui furent exposées. A dater de cette époque Son Altesse daigna honorer de ses fréquentes visites le Salon de la Rose✝Croix.

A cette Geste se rattachent de très intéressantes et importantes conquêtes dans le monde des sciences occultes, attiré comme bien on pense dans notre mouvement d'art et dans tout l'ensemble de nos manifestations intellectuelles. Nous reçûmes le colonel de Rochas, le plus probe, et le plus scientifiquement exact de tous les expérimentateurs de la haute science et aussi le plus modeste et le plus digne. Rochas a fait des expériences dignes de rivaliser avec celles de William Crookes, mais l'anglomanie dont la mode continue à sévir a empêché que ses travaux eussent tout le retentissement qu'ils méritaient. Je suis heureux de leur rendre justice en ces pages : sans dénigrer le moins du monde le savant anglais qui a fait de merveilleuses découvertes, j'insiste pour

que le savant français obtienne la part de renommée qui lui est si légitimement due. Nous fî-
mes aussi la rencontre dans les Salons de la
baronne du célèbre physionomiste Ledos, que
l'ensemble de ses études rattache étroitement
à l'ésotérisme. Ledos lit sur le visage humain
comme dans un livre ouvert et imprimé en
gros caractères, sa perspicacité déconcertante
vous indique au bout de quelques minutes
d'un examen très attentif votre caractère votre tempérament, vos penchants, vos passions, vos qualités même les moins apparentes,
vos défauts même les plus cachés, et enfin le
sens général de votre destinée, déduit tant de
ses observations que de la Science astrologi-
que, dont il démontre géométriquement la
réalité et la puissance. Du reste ce n'est pas
nous qui avons besoin d'être convaincus sur
ce point. Ledos vous expose votre passé dans
son ensemble avec la précision d'un camarade
qui aurait vécu à vos côtés : il pronostique les
probabilités futures avec une sagacité surpre-
nante, que l'avenir — j'en ai été souvent le
témoin, confirme et justifie. Il y a dans ces
vaticinations des paroles concernant d'incroyables détails, qui pour être lus sur une

physionomie demandent une science étonnante jointe à une prodigieuse intuition. Ledos me dit un jour : Méfiez-vous des armes à feu vous n'êtes pas fait pour vous entendre.

Or j'ai eu toute ma vie une antipathie naturelle pour ces ustensiles barbares. Je n'ai jamais aimé la chasse ni possédé un fusil, et je me souviens qu'en ma petite enfance, pour trois ou quatre fois que je m'amusai à tirer des *coups de pistolets* non chargés munis de simples capsules, de petits éclats se produisirent régulièrement, il me jaillit aux bras et aux jambes de petits fragments de cuivre qui y sont demeurés. J'ai l'intime persuasion que si j'assistais à une chasse un accident se produirait à mon détriment, mon éminent physiognomoniste m'a vivement engagé à persister dans mon éloignement pour le Nemrodisme et tout ce qui s'y rapporte ; et par ailleurs je le remercie publiquement, ici de m'avoir, à l'époque la plus pénible de ma vie, montré d'un geste sûr, l'horizon prochain de la revanche et du succès, si longuement attendus.

Ce fut à la même époque que notre salon

fut visité par le plus éminent de tous les prêtres que j'aie connus, la plus haute intelligence
sacerdotale qui m'ait exposé et démontré les
magnificences de la Foi. Je parle d'un homme
que j'ai bien souvent cité dans mes livres et
à qui je porte une amitié spirituelle mêlée de
vénération... il s'agit de celui que nous appe-
lons le père Alta, qui est officiellement un
humble desservant de paroisse lointaine, et
réellement une des plus hautes lumières du
clergé contemporain. Aucun rationaliste sincère ne peut rejeter les arguments philosophiques ou théologiques du père Alta, il agran-
dit immensément l'horizon religieux que
l'enseignement général tend à abaisser et à ré-
trécir, et il ne procède point par inventions
ou théories personnelles, il recourt à la tradition si généralement ignorée et qu'il con-
naît comme pas un : son admirable exégèse
s'appuie sur tous les textes, sur tous les monuments, sur tous les vestiges sérieux du
passé dont il vous révèle le génie et la lumière. J'affirme que le Père Alta est le seul
capable de monter dans la chaire de Notre-
Dame, qui depuis quelque temps, hélas, est
tenue avec une fâcheuse médiocrité. Le Père

Alta à Notre-Dame ! Ce seraient les conver-
sions par centaines, dans les plus hauts
sommets du monde intellectuel encore réfractaire à la vérité catholique. J'exprime là bien
entendu un vœu stérile, le Saint Ordinaire de
Paris a trop l'habitude de confondre la routine
et la vérité. Une seule fois, en sa carrière déjà
longue, le père Alta a possédé une situation
à moitié digne de lui, il n'a pu la conserver,
abandonné qu'il a été par ceux, qui auraient
dû le soutenir invinciblement. Il a été sacrifié
par ses protecteurs et chefs naturels à la basse
rancune de bigottes imbéciles, concevant
la religion comme pourraient le faire les es-
quimaux, les patagons, les lapons, peut-être
les phoques. La grande ennemie du Père Alta
est une femme qui prie *pour que les damnés
souffrent davantage* ! Horreur ! infâmie ! Et
ces Erynnies osent se dire chrétiennes, lisent
parfois saint Paul le grand apôtre de charité !
Ah ! que j'anathématise ici de toutes mes vi-
gueurs indignées ce troupeau de béguines
plus méchantes encore que stupides, et qui
transforment l'Église de Dieu, l'Église divine
et lumineuse, en un abject et fétide ergastule,
où jamais ne voudra entrer un être doué de

raison, de bon sens, de noblesse d'âme. Jésus-Christ dans sa miséricorde est venu sauver toutes les créatures humaines, même les dévotes, même les affectées du cretinisme le plus transcendantal. Mais par dieu! Que ces brebis galeuses restent enfermées dans leurs ténèbres, et n'aient pas de prosélytisme, et ne fassent point rejaillir le fiel infernal de leurs haines sur les vrais apôtres de l'Évangile, sur les quelques phares éclatants qui nous servent de guides parmi tous les brouillards, et ne séparent jamais de la foi la charité et l'espérance.

J'eus à cette époque la très grande satisfaction intellectuelle d'un colloque entre ce P. Alta et mon très célèbre et sympathique ami le docteur Max Nordau partisan des doctrines positives. Chacun sait que Nordau est un des hommes les plus distingués de ce temps, non seulement comme savant technique mais comme philosophe et comme écrivain. J'ajoute que sa bonne foi est éclatante et que chez cette nature si éminemment remarquable et riche de tous les dons, le plus noble cœur s'allie à l'intelligence la plus vive, à la perspicacité la plus profonde La discussion entre

Alta et Nordau se prolongea pendant trois heures, bien entendu avec une courtoisie irréprochable, et à la fin de cet entretien fameux, depuis bien souvent renouvelé, l'apôtre de l'ésotérisme catholique et le protagoniste du positivisme en étaient arrivés à ne plus être séparés que par l'épaisseur d'un fil de soie. J'espère fermement que cette légère divergence s'effacera quelque jour et que nous compterons Nordau parmi les nôtres, ce sera pour nous un grand plaisir et un grand honneur. Très peu de jours après j'eus encore la bonne fortune d'assister à une joûte oratoire et philosophique du même genre entre le même Nordau et le Grand Maître de la Rose-Croix soutenant les mêmes doctrines que le père Alta, mais dépassant les frontières de la question religieuse et philosophique pour aborder l'examen général de toute les questions intellectuelles. Ce combat singulier fut admirable, indicible. Aucune analyse valable n'en peut être donnée. Il se prolongea de sept heures du soir à une heure du matin. Nordau avec sa logique serrée, son érudition universelle, et son incomparable sagacité tendait à acculer son illustre interlocuteur dans une impasse et arrivait tout près du résultat. Mais, à ce moment, le théurge catholique et occultiste avait une envolée sublime, tant dans le feu de l'idée exprimée que par la forme dont il la revêtait, et se dégageait superbement, par un trait, une formule, une sentence revêtant l'aspect transcendant qu'ont la plupart du temps ses énonciations. La conversation s'engagea comme par hasard sur les avantages et les inconvénients du café et s'éleva par degrés jusqu'aux plus hautes spéculations métaphysiques. Entre temps, les adversaires cessèrent leur divergence sur une région du terrain es. thétique, et communièrent dans l'admiration sans réserve des grands génies qui s'appellent Beethoven et Wagner. Bien que ses principes soient presque en toute matière différents des nôtres, nous avons toujours considéré Nordau comme un Rose✝Croix honoraire, à cause de la grande amitié qu'il nous a toujours témoignée, des études remarquables, impartiales et très sympathiques par lui consacrées à l'examen de nos manifestations ; enfin en raison de la constante assiduité avec laquelle il a suivi tous nos efforts, encouragé toutes nos Gestes, exposé dans les grandes feuilles étrangères tous nos résultats obtenus. Que cet intellectuel aussi cordial que cérébral, fait énormément rare, reçoive en ces lignes l'expression de ma plus fidèle, de ma plus invariable amitié.

Vers la fin de la saison d'été de cet an de grâce mil-huit-cent-quatre-vingt-quinze, une des plus grandes dames de l'aristocratie parisienne voulut s'offrir dans ses salons immenses la représentation de Babilou. L'auteur était déjà parti chercher sur quelque plage inconnue un repos bien gagné après tous ses labeurs : je dus organiser moi-même avec le concours de tous nos zélateurs Rosicruciens la préparation et l'exécution de ce spectacle : le souvenir m'en est resté bien curieux, bien singulier, bien fertile en enseignements.Cette entreprise offrait des difficultés inouïes de toute espèce ; la haute Patricienne à laquelle je m'empresse de rendre hommage pour son intention esthétique, ne voulait, malgré son immense fortune, consacrer qu'une somme extrêmement restreinte à l'éxécution du chef-d'œuvre chaldéen. On rencontre souvent de ces bizarreries et de ces contradictions chez les personnes les

mieux titrées et les plus opulentes. L'amour
du faste se mêle toujours à d'inconcevables
mesquineries, à d'incroyables réticences de
bourse. Les cachets de nos comédiens furent
réduits à des chiffres invraisemblables d'exi-
guïté, et il fallut tout leur dévouement à notre idée et à l'œuvre du Grand Maître pour
qu'ils consentissent à jouer dans ces conditions insolites. Du reste l'originalité la plus
étrange régnait dans ce palais splendide : je
fus admis un certain jour à l'honneur de dé-
jeuner et je mangeai les plus excellentes choses sans qu'une goutte de liquide quelconque
me fût offerte, pas même de l'eau : il n'y
avait sur la table ni verre, ni bouteille, ni ca-
rafe. Je fus, il est vrai, informé qu'aux environs de quatre heures, si je n'étais point
encore parti, on m'offrirait une tasse de
thé. Je pense que ces honorables personnes
suivaient un traitement contre la poly-
sarcie. Par suite des petites manies de son
Altesse la maîtresse de maison, le rideau ne
put se lever qu'à dix heures du soir... par
exemple devant le plus beau parterre d'épaules aristocratiques et de nobles gorges qui se
puisse imaginer. Vraiment l'aspect était d'une

suggestion intense de cet océan de chairs tout
illuminées de pierreries, et qui se mouvait et
ondulait sous l'éclat des lustres avec la grâce
d'un roulis léger quand une douce brise ca-
resse les flots. Le premier acte fut écouté re-
ligieusement et très applaudi... Ces personnes ont de bonnes intentions esthétiques et
parfois de vagues échappées vers la compréhension de l'intellectuelle beauté. L'admirable deuxième acte le plus saisissant, le plus sublime, commença à être troublé par les conversations et chuchotements ; la grande scène
du renversement des dieux qui emballait
jusqu'aux ouvriers du Champ de Mars ne souleva dans ce milieu archiselecte que des applaudissements discrets. Le troisième acte si
pathétique s'acheva dans le bruit des cause-
ries et des chaises remuées, et il fallut que
Laguerre et Baude de Maurceley imposassent
silence presque violemment à toute cette gen-
try faubourienne incapable d'une attention
soutenue, d'une impression persistante, quand
l'archimage adresse à Sennakirib cette imprécation si merveilleuse d'énergique beauté :
« O conquérants ! Race de guerriers, honte
de la nature, déshonneur de l'histoire, vous

n'entrerez jamais dans la vie éternelle. Entre
le ciel et vous, barrière infranchissable, se
dressera énorme et empesté, le charnier de
vos gloires !,» Je pris sur moi l'accomplisse-
ment d'un douloureux sacrifice : la suppression du dernier acte, ce chef-d'œuvre de poé-
sie métaphysique qui eût été assurément pro-
fané par l'inattention de l'auditoire. Du reste
il était trois heures du matin au moment où
le rideau se baissa sur le triple gémissement
émouvant et grandiose : « Terre de Chaldée ! Terre de Babilou ! Terre de la Patrie ».
Une jeune femme qui songeait au réveillon,
n'osa-t-elle pas murmurer à deux pas de moi :
« Soupe de Chaldée.»

Il faut rendre cette justice à la grande dame
qu'un souper remarquable fut servi, et
tout spécialement à l'usage des Rose†Croix
et des interprètes de Babylone. Cette fois les
liquides ne manquèrent point et furent aussi
abondants qu'exquis. L'aurore se levait quand
nous regagnâmes nos demeures, heureux
quand même de la manifestation, mais peu
satisfaits de la légèreté de ces mondains
qui s'étaient rendus là par genre, par chic,
par snobisme, qui, sans être absolument

clos aux sensations tragiques, n'avaient pas vibré comme il convient, n'avaient pas salué d'un suffisant hommage ce dialogue sublime tel qu'ils n'en avaient jamais entendu, qu'ils n'en entendront plus jamais : NEVERMORE.

V

ISTAR

Le chapitre où il est traité de la cinquième Geste doit être mis sous l'invocation de la *bonne déesse*. Un grand événement venait de se réaliser dans de magiques circonstances : Le mariage du Grand Maître. On fit autour de cette union un bruit énorme, une publicité colossale, autant certes que pour notre fameuse exposition de l'an de grâce 92 chez Durand-Ruel. Trois mille articles de journaux furent signalés par l'*Argus de la Presse*. La cérémonie de l'église Saint-Thomas d'Aquin fut inoubliable. Trois étages de spectateurs se superposaient dans le temple regorgeant de foule ! Il y eut un très beau discours du vénérable curé de la paroisse qui eut la courtoi-

sic et le courage de donner au Grand Maître
son titre Rosi-crucien, ce que les dévots, paraît-
il ne lui ont jamais pardonné. C'était par une
magnifique journée d'hiver, sous un de ces so-
leils, splendides à l'heure méridienne, et dis-
paraissant si vite dans les brumes rouges d'un
crépuscule glacé. Un plein contentement
épanouissait tous nos visages. Nous avions
la persuasion d'une apothéose, d'un parachè-
vement. Et d'une assomption glorieuse de
l'ordre, entraîné par son Maître dans le repos
de la domination conquise et les honneurs du
triomphe. Une recrudescence de curiosité se
produisit autour de l'exposition et le nombre
des œuvres offertes et acceptées s'augmenta
dans des proportions tellement considérables
que la petite galerie de la rue de la Paix ne
suffit plus à contenir les toiles et les statues
symboliques qui affluèrent pour obtenir la
consécration Rose†Crucienne. Nous louâmes,
avenue de l'Opéra, une grande salle éclairée
du matin au soir par la lumière électrique, et
l'effet de cette clarté de féerie et de rêve sur
les ouvrages exposés se trouva extrêmement
favorable et très saisissant. Nous n'eûmes pas
besoin, cette année-là, de recourir aux bons

offices du gentilhomme Fourchon, le propriétaire de la salle, émerveillé de notre bruyante
renommée, trop heureux de nous ravir à son
confrère de la rue de la Paix, se chargea spontanément de tous les frais principaux et accessoires, moyennant l'abandon d'une partie de
la recette. Pour la première fois, la haute expression d'art par nous représentée revêtait
à l'avance une valeur vénale et appréciable en
gros sous. C'était assurément un résultat considérable et dont nous avions tout lieu de nous
féliciter. La presse hostile, n'étant point de
cet avis, tournait en facile dérision ces
chevaliers de l'idéal, qui tendaient leur sébille
et vendaient à beaux deniers comptants *des
tranches de beauté abstraite, des boisseaux de
canons esthétiques.* Ceci fut écrit avec bien
d'autres choses encore. Notre sérénité n'en fut
point altérée. Nous possédions en somme malgré tout, assez de sens pratique pour préférer
l'aisance au dénuement. Je ne sais vraiment
pourquoi il est presque passé en adage qu'un
idéaliste doit marcher pieds nus, qu'un poète
doit mourir de faim. Trop souvent il en arrive
de la sorte, et cependant d'illustres exemples
en sens contraire ont maintes fois existé. Vic-

tor Hugo, pour ne citer que celui-là, un grand
parmi les grands, divorça de bonne heure
avec la misère, ce qui ne fit aucun obstacle à
ses magnifiques compositions. Je sais bien
qu'on s'en est vengé en le traitant d'avaricieux,
je m'élève contre cette injurieuse assertion.
Bien que dans son ensemble le caractère de
Lamartine fut plus sympathique et plus haut
que celui de son rival, sur le point spécial qui
nous occupe, tout Rosi✝crucien que je sois, je
déclare, j'affirme préférer Hugo mettant de
côté deux ou trois millions, au chantre de Jo-
celyn dissipant cinq millions dans un faste
inutile, cinq millions qui ne provenaient pas
uniquement de son escarcelle. Il faut renoncer à l'admiration exclusive de l'esthète aux
longs cheveux, aux joues caves, à l'estomac
creux et aux pâleurs phtisiques. Gilbert n'eut
rien perdu à ne pas être un aussi infortuné
convive et à prendre place en un banquet plus
confortablement servi. Jamais la R✝C n'a eu
l'idée de spéculer et de devenir une affaire,
elle a eu l'ambition tout à fait légitime de se
suffire à elle-même puisque ses riches partisans ne se souciaient pas de la subventionner.
Et elle devint une bonne ménagère sans croire

pour cela encourir d'autres reproches que ceux des détracteurs qui eussent voulu la voir au bureau de bienfaisance.

La présence du Grand Maître fit défaut à l'ouverture de la Geste, il se trouvait à Rome auprès des chefs d'œuvre, *ad sua limina*, et nous envoya de la ville éternelle un superbe mandement. Mais l'ordre était si bien hiérarchisé que l'absence du chef n'entrava point la manifestation esthétique et qu'il ne cessa en aucun temps d'exercer sa puissante action. La foule se précipita comme aux précédents vernissages, huit mille cartes rouges — c'était la couleur du premier jour — furent encore dénombrées et nous vîmes défiler avec tout l'armorial et le Tout-Paris artistique, la haute finance et même la basoche. Les marchands de tableaux, comme l'année précédente, accoururent dès les premiers moments, et je dois faire allusion à l'un d'eux, colossalement riche, qui demanda un jour l'autorisation de visiter en étant exempté de la rétribution de un franc perçue au tourniquet. Il fut imité dans sa parcimonie par un argentier des plus opulents appartenant à la banque cosmopolite et qui déclara ne vouloir entrer que gratuitement. Il ne s'agit pas de Rotschild. Le nom se termine par la première note de la gamme ordinaire. Je me crus obligé de faire au monsieur un mauvais compliment revêtu de la forme la plus courtoise, il saisit le sens de l'apologue et me répondit, sincèrement je crois, cette phrase monumentale : *Vous ne sauriez croire, monsieur, l'ennui matériel, étranger à toute question de dépense, l'ennui qu'il y a à mettre la main au gousset. On imprime de la sorte aux muscles du bras un mouvement contre nature qui est aussi disgracieux pour les autres que pénible pour soi-même.* Naturellement je ne pus que m'incliner tout en songeant qu'un pauvre ne penserait point à protester contre l'anti-esthétisme du mouvement et affirmerait que ce *geste est beau.* Le même grand seigneur exotique déclara vouloir pour dix louis une toile qui fut vendue, 3oo louis le soir même : il possédait, il est vrai, de magnifiques cigares à six francs la pièce qu'il fumait voluptueusement sans jamais en offrir à personne. J'ai exprimé plus haut que j'écrivais une histoire et des souvenirs, non des coulisses, et une anecdote de ce genre pourrait auprès de certaines gens

passer pour un potin coulissier. Ce serait une
erreur complète. De tels récits sont l'occasion de hautes déclarations à portée philosophique et sociale. L'avarice qu'il ne faut pas
confondre avec une sage économie, l'avarice
chez tous antipathique, est véritablement
odieuse chez les riches. Et je ne me lasse
jamais de la stigmatiser et de la flétrir. Et
dut-on m'accuser d'anarchisme, ce qu'on a
fait du reste quelquefois, je ne puis m'empê-
cher de souhaiter quelques grammes de pan-
clastite dans certains coffres-forts, aux environs de certaines bourses. Après la scène de
M***, qui aimait si peu à ramener vers
son corps, à la hauteur du ventre, son index
et son pouce, j'écrivis dans un journal du soir
inspiré pour ce fait, une chronique d'une vi-
rulence extraordinaire, tellement qu'on eut la
velléité de me poursuivre en vertu de la nouvelle loi sur les associations de malfaiteurs. J'ai
manqué cette auréole avec plusieurs autres.
Mais je me suis offert la satisfaction d'envoyer
l'article au personnage en ut mineur, qui a,
dû en trouver la lecture plus désagréable encore que l'effort nécessaire pour insinuer ses
doigts dans la pochette du porte-monnaie.

Une nouvelle et importante recrue fut faite
en ces jours-là pour l'ordre du Temple et du
Graal. Il s'agit d'un officier colonial désabusé
revenant de l'Extrême-Orient, avec une docu-
mentation fort précise très peu favorable aux
Européens, qui exportent en ces contrées loin-
taines le flambeau de la civilisation trop souvent accouplé aux torches incendiaires. Nous
avons en Rose-Croix des sentiments particu-
liers sur l'armée. Autant nous aimons et exal-
tons les héros tels que les Croisés, et tous
les acteurs des grandes épopées françaises,
autant nous exécrons les soudards et les pan-
dores. L'habitude de traiter l'Oriental comme
une bête nuisible est philosophiquement monstrueuse et engendre les plus déplorables résultats. L'Oriental nous est inférieur pour la
religion c'est incontestable, mais en philosophie, en psychologie, en morale même il est
parfois capable de lutter avec nous. Les Kings
Chinois sont des monuments de sagesse et de
grande intuition métaphysique. J'admets
parfaitement la pénétration occidentale mais
plutôt par la science et la persuasion que par
le fer et par le feu. Je sais bien qu'il est plus
difficile de donner une bonne raison qu'un

bon coup de baïonnette, cependant c'est à la prédominance de la raison sur la baïon-nette que doit se mesurer la grandeur d'un peuple. La force n'est acceptable que mise au service du droit. L'épée n'est noble que si elle se brandit au nom de l'Idée pour le service des principes de l'établissement des lois éternelles. Le soldat que nous aimons s'appelle Lohengrin, nous préférons les cygnes aux chevaux des cuirassiers et la caserne qui possède nos dévotions exclusives a le nom sacré de Montsalvat.

L'officier désabusé nous fournit de très précieux renseignements sur l'intellectualité en Extrême-Orient et nous eûmes le contentement de vérifier la probabilité du premier centre d'expansion cérébrale chaldéen, et de reconnaître cette haute affirmation du Grand Maître :

L'Egypte et la Chaldée voilà toute l'histoire, les trigrammes de Fohi sont sortis de nos temples, Dieu a créé le monde, Babilou l'a civilisé.

La Rose † Croix comme un centre lumineux appelait à elle tous les initiés du monde. Nous communiquions pour la première fois à cette époque, par voie épistolaire, avec un célèbre thérapeute du sud-est de la France que je ne désigne pas plus explicitement pour ne pas choquer son excessive modestie Cet homme, profond catholique, occultiste de premier ordre, accomplit des véritables, prodiges sans parler de sa prescience et de sa divination. Il n'est pas étonnant qu'il ait été souvent poursuivi, comme exerçant illégalement la médecine. Mais un jour, M. le Procureur de la République qui à plusieurs reprises l'avait fait condamner, M. le Procureur a son enfant pris de la dipthérie. Les médecins désespèrent. Un reste de foi, excité par l'amour paternel se réveille au fond de l'âme du fonctionnaire : il accourt vers le saint qu'il a tant persécuté et le conjure de guérir son fils. L'apôtre lui répond : Je ne guéris point moi-même, je prie Dieu qui daigne souvent m'écouter : Votre fils reviendra à la santé si vous faites acte public de catholicisme, si trois matins de suite, à la cathédrale, vous recevez en état de grâce la sainte communion. Le magistrat s'empressa d'obéir et son enfant fut sauvé. L'exactitude du fait a été certifiée par le bénéficiaire même du prodige.

Je dois moi-même, hélas, rendre témoignage à la clairvoyance surnaturelle de cet homme de Dieu. A un instant où le malheur semblait s'acharner sur moi avec une inconcevable persévérance, je consultai le thaumaturge par lettre signée seulement d'initiales sans qu'il eût le moindre moyen de connaître ma personnalité. Il me répondit que je n'étais qu'au début 'des épreuves qui me guettaient et que le passé n'était rien auprès d'un très prochain avenir. Les réalisations qui suivirent à bref délai cette vaticination désolante la justifièrent de point en point avec la plus cruelle précision. Depuis j'ai eu du même voyant des prédictions meilleures qui se sont également accomplies.

J'eus le grand honneur et le grand bonheur pendant cette même année de connaître et d'approcher le vrai patriarche de l'occultisme catholique, et je puis dire de l'occultisme universel, car le véritable occultisme, est catholique. Le successeur et héritier vrai de Fabre d'Olivet et d'Eliphas Lévi, le marquis de Saint-Yves d'Alveydre dont je prononce le nom avec un profond respect mêlé de la plus haute admiration. Saint-Yves d'Alveydre est un prophète dans toute la signification exacte et ma-

gnifique du vocable : Il en a l'intuition infaillible, la splendide éloquence, la majesté et la
bonté. Sa Mission des Juifs est un des plus
beaux monuments de philosophie historique
qui ait jamais paru, plusieurs siècles des an-
nales humaines y sont reconstitués par la
seule puissance de double vue que possèdent
les grands initiés. Une visite chez Saint-Yves
est une demi-journée dans le vestibule du
ciel aux limbes du palais des extases. J'ai
l'immense satisfaction intellectuelle et morale
d'être l'un des trois ou quatre, admis en ce
véritable sanctuaire cérébral, Papus et Alta
sont je crois mes seuls acolytes.

On arrive aux environs de l'heure méridienne et l'on est reçu à bras ouverts par ce
haut gentilhomme qui possède à la fois toutes
les élégances, toutes les distinctions, toutes
les courtoisies faisant cortège aux illumina-
tions de son esprit, à la sainteté de sa vie. Il
vous conduit aussitôt dans le merveilleux
oratoire qu'il a établi au sein même de sa demeure, dans la chambre où son admirable
épouse, elle aussi une grande sainte, a rendu
son âme au père miséricordieux. Il y a là de
l'encens, des vitraux, des lampes, un autel

familier, par dessus tout une atmosphère de
prière et le recueillement, introuvable ailleurs
même aux chapelles les plus vénérées par la
piété des foules. On récite l'Angelus et on
entre au cabinet de travail où la conversation
est inaugurée : on ne tarde point à passer
à table, et le repas succulent et exquis servi
par une vénérable gouvernante aux cheveux
blancs, dans une grande salle plaquée de bois
sombres avec étalage de vaisselle d'argent,
le repas fait songer aux agapes mystiques des
temps anciens, où l'alimentation du corps
s'accompagnait de l'élévation de la pensée et
de la nutrition de l'âme. Nulle table n'est ser-
vie avec une aussi abondante opulence, votre
hôte comprend cette incontestable vérité
qu'il ne faut pas oublier le corps, et que la fru-
galité et l'ascétisme matériels ne sont pas les
compagnons nécessaires de l'austérité morale. J'ai entendu soutenir autrefois cette
idée si juste par un grand orateur, Monsei-
gneur Berthaud évêque de Tulle dans une
assemblée de huit évêques, à la table d'un
gentilhomme périgourdin qui recevait cette
théorie sacrée de Violets où se trouvait même
un Rouge. Le saint archevêque Guibert,

promu depuis au siège de Paris, observait à la
maîtresse de maison qu'elle n'avait pas songé en
l'occurence à la vertu de mortification. Mon-
seigneur Berthaud releva l'observation avec
la violente beauté de sa parole de flamme,
et démontra victorieusement la raison d'être
des festins magnifiques approuvés et bénis
de Dieu comme une manifestation de la ri-
chesse et de l'abondance de la terre. Quant
au Rouge qui n'était autre que le cardinal
Donnet archevêque de Bordeaux, il se borna
à mettre en sérieuse pratique la belle théorie
de son collègue et démontra excellemment
que l'on peut être prince de l'église et posses-
seur d'un bel appétit. Mais la causerie en-
gagée parmi ce bouquet de prélats n'égala
point en hauteur les considérations de mon
Grand Maître de Versailles : il vous entraîne
en de telles régions que l'on mange sans penser aux aliments, petit accessoire du banquet
intellectuel auquel on est convié. Il n'y a que
certains discours du père Alta pour nous
donner à l'égal des paroles de Saint-Yves le
sentiment et l'intellection des ravissements
célestes. Après une homélie d'Alta sur la
mort, on voudrait sincèrement mourir, après

une monographie de Saint-Yves sur l'au-delà
ésotérique, on n'estplus vraiment sur la terre,
on participe aux enchantements divins, et
votre interlocuteur,auréolé dans la pénombre,
vous représente une noble image du Père
Eternel. Saint-Yves achève en ce moment une
synthèse d'enseignement catholique, une démonstration de l'universalité de Jésus, qui
sera à tel point parlante et péremptoire qu'aucune négation de bonne foi, aucun doute sérieux ne pourront plus subsister. Je ne veux
point déflorer ainsi la splendeur de son verbe
mais je suis heureux de l'annoncer et d'être
l'un de ses précurseurs. Saint-Yves est inspiré
par sa chère défunte et les liens de cette ins-
piration sont tellement visibles que l'on ne
peut plus douter de la communication des
morts et des vivants, non point, je me hâte
de le dire selon les enfantillages et les forces du spiritisme, mais par une vraie présence mentale de l'âme envolée, se manifestant sans hésitation possible par la sagesse,
la profondeur, la subtilité de ses conseils.
Lorsqu'aux environs du crépuscule on quitte
cet homme extraordinaire, on emporte avec
soi une impression de sérénité qui dérobe à

vos yeux pour la fin de la journée toutes les
misères et toutes les petitesses de l'ambiance
terrestre. La providence en me faisant connaître ce grand initié m'a octroyé une grâce
incomparable, pour laquelle je ne cesserai de
lui exprimer ma reconnaissance, qui a pleinement répondu à la prière que je lui ai souvent
adressée sur le conseil de Saint-Paul :

Credo, sed adauge mihi fidem.

Cette cinquième période Rosi-crucienne
fut aussi remarquable je ne dirai point par
une réconciliation, jamais il n'y avait eu de
brouille violente, mais par un rapprochement
extrêmement précieux avec le groupe Kabba-
listique qui a inauguré en France les hautes
études intellectuelles. Mon vaillant et éminent
ami Papus le dirige et quelques divergences
doctrinales s'étaient produites au début de
nos expositions. Mais il ne s'agissait que de
légers malentendus qui ne pouvaient résister
à une heure de conversation sérieuse et qui
ont disparu totalement lorsque Papus s'est
publiquement et noblement défini un chevalier du Christ. Nous ne sommes pas autre
chose et c'est assez pour remplir et honorer
une existence humaine.

Un groupe unique n'est ni nécessaire ni
même souhaitable : il y a de grands avantages à multiplier les collectivités, on multiplie
ainsi le nombre des hommes pensant droit et
de bonne volonté qui pour une raison ou
pour une autre ont des préférences pour telle
ou telle agrégation. Ce qui est indispensable
est l'unité de but et de doctrine générale.
Mais une armée a plusieurs sortes de régi-
ments, les ordres monastiques se divisent et
se subdivisent, pourquoi les adeptes de la
haute Science seraient-ils contraints à l'unité
de chapelle. La besogne intellectuelle est assez considérable pour appeler à elle tous les
hommes, tous les groupes, tous les clans qui
dans leur diversités respectives, professent
tous le culte supérieur de la Justice, de la
Vérité et de la Beauté.

Je ne veux point finir ce chapitre sans mentionner une autre rencontre faite au salon
cinquième de la Rose✝Croix. Un vrai sorcier
celui-là dans toute l'acception du terme, quoique revêtu bien et dûment de la soutane et
n'ayant usurpé ni costume ni fonctions. Un
curé sorcier ! tout bonnement ! à la démar-
che haute, à la mine inquiétante, à la conver-

sation émaillée de sous-entendus, hachée de
réticences; érudit connaisseur de tous les
grimoires, et exécuteur des formules magiques. L'abbé*** était certainement un prati-
cien de l'œuvre hyperphysique, j'en ai eu
d'incontestables preuves. Il m'a annoncé à
deux mois de distance une guérison inespé-
rée, deux morts inattendues et une conversion
tout à fait extraordinaire que personne ne
pouvait prévoir. Il portait malheur à ses ennemis ou simples adversaires, je fus un jour
très contrarié par une demande qu'il me fit
d'un prêt bien humble de cinq louis ; il ne
me fut pas possible de le satisfaire et j'eus
pendant six semaines une série inimaginable
d'ennuis de toute sorte... qui cessèrent comme
par enchantement dès que je fus en mesure de
rendre au ténébreux bonhomme le petit service qu'il me demandait. Il est mort depuis,
Dieu ait son âme. Ce n'était vraiment pas un
mauvais prêtre mais il était quêteur et beso-
gneux, avec cela tout bourré de maléfices,
imprégné de sortilèges... Néanmoins on l'a
indignement calomnié quand on l'a accusé de
dire la Messe Noire, je tiens à lui rendre ce

témoignage posthume en raison de nos assez bonnes relations, et pour rendre hommage à la vérité.

VI

Sin

La sixième Geste marqua simultanément
pour la Rose†Croix l'apothéose complète et
l'officielle disparition. Non la fin, mais la rentrée
en sommeil, sur l'ordre du Grand Maître, compétent et seul compétent pour prononcer sans
appel cette mesure de politique intérieure.
Quant à l'apothéose au dernier éclat de notre
soleil couchant, je dois les constater avec une
fierté légitime. Notre grande ambition avait
toujours été d'atteindre à la salle Georges Petit, la plus célèbre et la plus renommée de Paris et du monde. Nous n'eûmes même point à
formuler sur la question le moindre désir. Les
propriétaires de la salle, espérant sans doute
ajouter quelque éclat à la grande réputation

artistique de leur établissement vinrent nous
le proposer. C'était là pour nous un double
triomphe. Nos nombreux ennemis de la presse,
en jugèrent ainsi et se laissèrent aller à de
violents mouvements d'humeur. Comment!
Ces gens à grelots et à oripeaux devenaient
officiels, étaient salués à l'égal des deux grands
salons des Champs-Elysées et du Champ de
Mars, exhibaient leurs cadres et leurs bustes
dans un local consacré par tant de vogue et
tant de succès. L'un de ces Amers osa écrire
en première page d'un grand journal :

« Il y a des animaux qui ont la vie dure, on
« a beau les cogner et les assommer, les trans-
« percer et les fusiller ils se relèvent toujours
« plus insolents et plus vivaces. De quelle ma-
« tière sont donc faits leurs muscles, quelle
« âme infernale peut insuffler cette vie endia-
« blée dans un organisme que l'on croyait
« mort-né dès son apparition dans le monde.
« Le phénomène ne nous paraît pas expli-
« cable. »

Ce qui est beaucoup moins explicable est la
colère de ce journaliste qui ne manquait ni
d'intelligence ni de compétence, mais que nos
victoires exaspéraient. C'était un tenant de

l'école naturaliste et incroyante, et il s'exaspé-
rait à voir triompher avec nous les idées anti-
podes des siennes propres. Nous avions d'ores
et déjà l'honneur de représenter l'idéalisme et
le catholicisme intellectuel, toute l'armée sata-
nique nous conspuait et nous accablait de ses
traits. Les critiques d'art et les simples chro-
niqueurs et soiristes demandèrent un vernissage spécial et vinrent en plus grand nombre
que jamais : on en compta cent quatre-vingt-
onze. Le lendemain le public afflua ; quinze
mille entrées furent régulièrement constatées.
Et la proportion se maintint durant toute l'exposition. Et ce n'était plus la même foule
qu'aux premières manifestations de Durand-
Ruel et du Dôme central : le personnel n'avait
point varié sans doute, mais son esprit s'était
entièrement renouvelé. Plus de rires, plus de
moqueries, plus de haussements d'épaules,
plus de plaisanteries bruyantes, une multitude
compacte, attentive, silencieuse, s'arrêtant
longuement devant chaque ouvrage n'en ou-
bliant aucun, vraiment saisie, vraiment émue
par notre haute formule incarnée dans des
œuvres toutes valables, dont un bon nombre
étaient de premier ordre. Mais cette fois le

8.

Grand Maître avait impitoyablement consigné à la porte la fantaisie et l'impressionisme, dix élèves du grand Gustave Moreau nous avaient envoyé d'admirables choses, il ne nous manquait que le maître lui-même qui au dernier moment ne se décida pas. Si la mort ne l'eut point surpris, il avait l'intention de nous demander une exposition spéciale pour l'ensemble, alors ignoré de tous, de ses tableaux magnifiques. Quelle gloire, quel honneur incomparable c'eut été pour nous! Nos meilleurs de la fondation se déployèrent dans tout leur éclat: Knoppf, Aman-Jean, Cornillier, Séon, Osbert avaient à leur service de vastes dimaises pour étaler leurs belles conceptions avec plus de bonheur et de succès qu'en aucun temps. Nous exposâmes une statuette bien curieuse : un Balzac fait du vivant de l'auteur par l'un de ses amis, le sculpteur Van Bostheroot, aïeul maternel de notre cher et éminent confrère Marquet de Vasselot. Le vrai Balzac, celui-là, dans sa houppelande et dans l'embonpoint de sa face non idéalisé, mais représentant la pleine puissance du réel saisi et disséqué par ses mains subtiles. L'œuvre attira l'attention générale, comme bien on pense, elle fut très

commentée et discutée, d'autant plus que la
question de la statue de Balzac qui depuis dix-
sept ans s'éternisait, ne paraissait pas tendre
vers une solution prochaine. Une véritable
fatalité poursuit l'érection du fantôme de ce
grand homme, du plus noble marbre que Paris doive jamais contempler. Chapu meurt en
plein travail : Rodin après de longues années
nous présente ce que j'ai appelé, bien justement je crois, une *puissante suggestion plastique,* œuvre d'intellectuel pur, mais passant
très au-dessus des appréciations de la foule.
Falguière enfin demande et obtient l'exécution définitive, il succombe lui-même avant
d'avoir parachevé. Cette œuvre était du moins
assez avancée pour être terminée par des
mains de disciples et de praticiens, ce qui est
advenu. Nous tenons maintenant l'icône,

C'est la Société des gens de Lettres que
j'ai le grand honneur d'administrer qui a en-
trepris la glorification du grand penseur et qui
malgré toutes les traverses et tous les déboires
a fini par aboutir. Si je parle de ces choses à
propos de la Rose†Croix, c'est que Balzac est
l'écrivain Rosi-Crucien par excellence, qu'il
s'est montré occultiste de premier ordre, an-

nonciateur et précurseur de ces études troublantes qui préoccupent tant depuis vingt années l'élite humaine dans ces œuvres magis-
trales et immortelles, longtemps incomprises,
qui s'appellent Séraphita, Louis Lambert, la
Recherche de l'Absolu, Ursule Mirouet. Il me
sera permis sans doute puisque j'effleure cette
question de la statue de Balzac d'exprimer un
regret : Celui que les bas-reliefs de Marquet de
Vasselot représentant tous les personnages de
la Comédie humaine avec leurs attitudes, leur
costume et leur psychologie n'aient pu trouver
jusqu'à ce jour un lieu d'exhibition publique.
Marquet de Vasselot est l'artiste qui a le plus
étudié Balzac et ses bas-reliefs qui font vivre
d'une vie intense et pour ainsi dire s'agiter et
grouiller dans une mêlée pittoresque les cent
trois personnages que créa ce grand cérébral,
constituent une œuvre unique, saisissante,
originale, synthétique, que je me permets de
signaler à l'acquisition du ministère des Beaux-
Arts. La statue de Falguière sera très honorable. Elle a figuré en grande maquette à je ne
sais quel Champ-de-Mars : Des critiques ont
été faites, nul statuaire ne les eut évitées, il
faut bien se le dire, se fut-il appelé Mercié,

Dubois, Puech, ou Marqueste ; ceux-ci n'étaient du reste que les pairs du grand artiste disparu. Le premier projet en date, celui de Chapu, dont l'exécution fut interrompue par la mort du sculpteur, quoique peu avancé, ne satisfaisait point tout le monde.

Vers le milieu de la sixième Geste, nous eûmes l'occasion d'exercer un acte de pitié bienfaisante qui est demeuré dans ma mémoire à l'égal du plus précieux souvenir. Un pauvre diable de rapin, sans aucun talent d'ailleurs, nous avait préparé une toile excentrique et dépourvue de toute valeur soit d'idée, soit d'exécution. Il s'agissait d'une théorie de pendus qui grimaçaient au clair de lune. C'était une croûte insigne et nous dûmes opposer au candidat un refus absolu d'admission. Il fut navré et se borna à nous répondre:

C'était pourtant, Messieurs, un morceau exécuté selon la formule de Baudelaire.

En pleine exposition, trois semaines après cette première rencontre peu satisfaisante nous vîmes revenir vers nous le barbouilleur romantique. Il avait l'aspect si malheureux, si désolé qu'il me toucha avant tout discours...

Le discours hélas ! il ne me l'épargna point. Il
me fit connaître qu'il était tellement Baudelairien que ses camarades d'atelier l'avaient
surnommé « La Charogne » en l'honneur,
affirmait-il de l'ode célèbre du maître infernal. Je me demandai un instant si cet interlocuteur au sobriquet nauséabond, ne voulait
pas se moquer de moi : en aucune façon, l'infortuné avait des larmes aux yeux en me nar-
rant sa ridicule histoire. J'appris, et ainsi
toute envie de rire fut chez moi réprimée,
que ce pauvre bougre était saisi et allait être
vendu le lendemain dès la première heure à
laquelle Messieurs les huissiers aient làlicence
de perpétrer leurs actions héroïques. — Avec
deux cents francs, me dit l'homme, je serais
sauvé et pour jamais..... J'ai songé que la
Rose†Croix qui a pu être sévère pour l'artiste(?)
insuffisant serait débonnaire à l'être dénué
qui a pour le moins manifesté sa bonne intention esthétique.

Je fus très touché, mais nous n'avions pas
de tels excédents de recettes qu'il nous fût
possible d'abandonner ainsi dix louis à la
sébille d'un quémandeur si intéressant qu'il
pût être. Il fallait quêter cette somme parmi

mes riches zélateurs, et j'ai déjà exposé combien les plus opulents se montraient rétifs et refroidis dès qu'il s'agissait de passer des louanges proclamées à l'enthousiasme monnayé. Dieu m'inspira le choix difficile. J'écrivis presque impérativement à cette femme charmante, connue depuis le dôme central et que j'ai qualifiée de brune à l'âme blonde. Son âme se montra plus blonde que jamais et dans les quatre heures après l'expédition de mon petit bleu elle se présenta elle-même porteuse empressée et tout attendrie de la rançon du baudelairien. Je voulus pour compléter la douceur de l'offrande que la généreuse donatrice remît elle-même l'argent au bénéficiaire d'urgence convoqué. Cette attention fut très heureuse : impossible de dépeindre la joie matérielle et esthétique éprouvée par ce pauvre « charognard » à l'aspect de cette aumône à lui impartie par la main d'un ange.

— Quel sujet de toile, me souffla-t-il avec des sanglots dans la voix. Qu'en dites-vous, commandeur?

Je n'eus pas le courage de lui dire : Gardez-vous bien de le traiter. C'eut été assombrir le soleil de sa joie. Aussi, quelques jours après,

vint-il m'apporter, à l'adresse de sa bien-
faitrice un pastel horrible, imitant les pires
chromos et reproduisant d'intention la scène
touchante qui avait eu lieu quelques jours
auparavant. Je m'engageai à faire tenir l'offrande ès mains de la dame, mais je prévoyais
un cri d'effroi. Je fus très agréablement surpris en ne constatant que l'expression d'une
très douce pitié..... et un billet bleu supplé-
mentaire de cent francs me fut remis à destination du pauvre envoyeur. Il délira de satisfaction et voulut récidiver en quelque abomination nouvelle : Je l'attristai en m'opposant
à cet nouvelle effusion de gratitude par cette
formule bien en situation :

Allez, mon ami, et ne peignez plus.

Le lendemain même de cette charité matérielle, je réussis une aumône sur le terrain
spéculatif qui me fut encore plus précieuse
que le sauvetage du mauvais artiste. Un de
nos vieux camarades, positiviste endiablé,
matérialiste féroce, venait presque chaque
jour, inspecter longuement les œuvres exposées, comme arrêté par un magnétisme qui
l'eut séduit et enchaîné. Il avait commencé
par déblatérer avec colère contre cet art qu'il

jugeait — avec raison — être une insulte aux
pommaderies officielles des salons courants,
aux « crépons et aux bodegones » et aux petites fermières confuses que des gars embras-
sent derrière la margelle des puits.

Malgré son hostilité préconçue et violente,
on sentait chez ce visiteur l'action de la grâce
sanctifiante de l'idéal qui se battait avec énergie contre la vieille routine invétérée des
traditions de l'académie Jullian. Il me dit
un jour :

— Ce qui m'exaspère le plus dans l'examen
de toutes vos machines c'est que pour être
logique, si l'on admire votre fatras, il faut être
catholique et aller à la messe.

— Parfaitement, répondis-je, c'est une con-
séquence à laquelle nous ne contraignons
point nos partisans mais qui découle naturellement de notre profession de foi catholique.

Il entra dans une furieuse colère.

— Alors vous me voyez, moi, allant à la
messe ?

— Je ne vous ai pas encore vu commettre
cet acte exorbitant, mais cela viendra peut-
être.

Il m'eut injurié... Il s'éloigna en sacrant

9

et en tempétant avec des assomptions de
bras.

Il revint au bout de quelques minutes ras-
séréné.

—Et pourtant, dit-il, cela vous attire, vos
petites choses. Vous avez là des femmes qui
ne ressemblent pas à celles de la Source ou
de la Salamandre... Ça ne fait rien, c'est votre messe...

Je haussai les épaules avec bienveillance.

. . . .

. Quatre jours plus tard, le matérialiste, se
remontrait à moi tout penaud, l'oreille basse.

— Eh bien, voilà, me dit-il en pétrissant ses
gants avec nervósité..... Voilà..... Voilà.....

— Je ne vois rien.

— Oui..... Oui, mon cher... je vais à la
messe...

Le Grand Maître résolut à cette époque de
joindre un exposé théorique à l'exhibition
des œuvres Rosi+Cruciennes et annonça trois
conférences en progression géométrique d'i-
déalisme sur l'amour, l'art et le mystère. Je
laisse à penser si l'on se précipita. Le Tout-
Paris élégant se pressa autour de l'oracle pendant trois jours de suite : Pour être exact il

faut bien dire que l'art eut un peu moins d'auditeurs que l'amour, et le mystère encore un
peu moins que l'art. C'était à présumer, il n'en
pouvait être autrement. Les trois journées
fournirent au demeurant trois mille personnes.

Le Maître du Temple qui est un causeur
éblouissant, est un orateur hiératique, son
éloquence convient à merveille aux questions
très hautes qu'il aime à traiter. Le succès fut
considérable. Un grand effet était véritablement produit en un milieu où pendant longtemps la frivolité avait régné en souveraine.

On prenait tous ces personnages plutôt légers et futiles, par leur snobisme, mais une
fois saisis ils ne nous échappèrent plus et
l'empire exercé par nous sur un grand nombre aboutit souvent, comme dans le cas du
positiviste que je viens de citer à des conver-
sions véritables. Ce fut l'apostolat pour la
Beauté. Moyen de prosélytisme et de propa-
gande qui n'est pas à la portée des mission-
naires courants, mais bien réel, bien efficace
amenant au vrai des âmes de qualité. Si ce
fut un défaut, nous l'avouons. La conversion
d'une grande dame nous réjouissait davantage

que celle d'une prédestinée aux catéchismes de persévérance.

A la suite de ces conférences célèbres, la période déjà ébauchée s'ouvrit en plein des consultations psychologiques... Nous devinmes de véritables confesseurs laïcs et les cas les plus intéressants, les plus divers nous furent soumis par des personnes avides de savoir, presque toutes de bonne volonté et qui espéraient, certes à bon droit, retirer de nos entretiens lumière et conseils. On s'adressait surtout au Grand Maître; quand il ne pouvait ou se trouvait débordé, le Commandeur toujours prêt à toute besogne, recevait la confidence des âmes et de son mieux les éclairait, les guidait, les réconfortait. Plus qu'à toute autre époque que les âmes d'exception sont dolentes et tourmentées, au sein même de la vie frivole, mondaine, élégante, mouvementée, l'appel de l'idéal se fait entendre, proposant des énigmes, offrant des problèmes soulevant des volontés et des désirs autour des réalités quotidiennes. Même chez les blasés, l'attirance du pur amour se révèle, la dévotion aux sentiments éthérés, éclate sur les fumiers de

la concupiscence et Baudelaire fut un annon-
ciateur lorsqu'il écrivit :

Quand chez les débauchés l'aube blanche et ver-
Entre en société de l'idéal songeur   [meille
Par l'incarnation d'un mystère vengeur
Dans la brute assouple un ange se réveille.

Le goût de l'art n'est plus une simple fantaisie, un caprice d'un ordre particulier, un
délassement quelconque, pour les âmes dont
je parle et qui sont légion, ce goût correspond
à une recherche psychique, à un besoin de
révélation intérieure par une voie plus douce
et plus charmeuse que le chemin montueux,
pénible, raboteux des enseignements et des
doctrines. Il nous appartenait d'indiquer que
cette route, au fond légitime, si elle est pleine
d'enchantements, est hérissée de périls et peut
conduire un imprudent en pleines ténèbres,
au lieu de le guider vers les salutaires clar-
tés. C'est bien encore ici le cas de dire :

Non omnibus licet adire.

L'art est plein de dangereuses tentations,
le rayon céleste s'y enmêle aux diaboliques
phosphorescences... On parle souvent de la

beauté du diable, elle est incontestable, et sur nos facultés que sans cesse le démon pervers assiège, elle exerce une influence plus efficiente, plus tyrannique que la splendeur divine dont la source évolue sur un plan trop éloigné des pauvres rivages humains. Toute une série d'Anges fut entraînée dans la révolte luciférienne et le chef des rebelles eut assez de force pour attirer dans sa fatale orbite de purs esprits qui avaient cependant contemplé l'ineffable mais qui n'étaient point confirmés en grâce. Rappelous-nous que ce ne fut pas la méchanceté qui perdit Satan, mais l'orgueil et un orgueil non exempt de beauté, ô mystère insondable ! Satan voulut accaparer la mission de Jésus et opérer la rédemption du monde. Crime prodigieux, justement châtié par l'irrémissible déchéance mais oserai-je le dire, n'exhalant pas aux yeux de l'homme l'horreur commune attachée aux grands forfaits. L'Église elle-même s'est écriée : *Felix culpâ !*

La Rose†Croix fut amenée en ce moment à se prononcer avec la plus grande énergie contre un spectacle abominable qui tendait déjà à s'implanter en France et qui sollicite puissamment une foule d'êtres curieux et passionnés, avides d'émotions violentes. Le Grand Maître a mandé contre les courses de taureaux, il a même rappelé publiquement à l'archevêque que l'autorité ecclésiastique avait le devoir d'intervenir pour jeter l'anathème sur ces arènes sanglantes où l'on étripe des pauvres bêtes avec l'arrière-pensée très certaine qu'il serait encore bien plus amusant de voir éventrer des hommes... *accident heureux* qui d'ailleurs se produit quelquefois. Les aficionados — les affectionnés ! quelle infamie ! — pratiquent inconsciemment peut-être mais avec une volupté sauvage la huitième espèce de luxure, l'une des plus hideuses, la luxure sadique : *Les Courses de taureaux sont du sadisme pur et simple.* Ce plaisir immonde n'est pas français et il doit être chassé hors de France. C'est un vieux reste des infâmes Colysées entretenu par le peuple créateur de l'Inquisition ; de grâce qu'il y ait encore des Pyrénées ! et que les pouvoirs publics armés d'une loi sévère frappent et dispersent tous ces buveurs de sang, ces dévorateurs d'entrailles répandues... Il s'est formé en France depuis quelques années un parti na-

tionaliste. Je signale à son activité un but
plus glorieux que les combats politiques, la
suppression des courses de taureaux qui ne
sont pas nationales, qui sont une importation
étrangère un souvenir mêlé de Néron et de
Torquemada. J'énonce qu'il n'existe pas d'a-
bomination lubrique plus grande que l'effusion du sang pour le plaisir des yeux.

Dans cette conjoncture c omme dans quelques autres on a blâmé la Rose ✝ Croix d'a-
dresser des remontrances aux autorités ecclé-
siastiques. Mais pourquoi donc en vérité ? On
a parlé de Gros-Jean qui en remontre à son
curé : Malheureusement, de nos jours, les bons
curés sont bien souvent inférieurs aux Jean
gros et petits. Il faut bien se persuader une
chose à laquelle nul ne songe et qui est pour
tant écrite tout au long non dans les in-quartos
ésotériques mais dans les simples catéchismes
enfantins : *L'Eglise est l'assemblée des fidèles,*ce n'est pas seulement l'assemblée des
pasteurs, et la force de l'église est cette union
indissoluble des bergers et du troupeau. Du
moment que nous faisons partie intégrante
de l'église, que nous sommes son sang et sa
chair, nous pouvons nous faire entendre, et

le droit de remontrance — toujours respectueuse — existe pour nous à l'égard des conducteurs de nos âmes. Ces conducteurs, je me
hâte de le dire, sont honnêtes et bien inten-
tionnés, mais insuffisamment instruits par la
pâture surannée de Saint-Sulpice ; de plus, ils
ignorent totalement la psychologie. Un con-
fesseur psychologue refusera énergiquement
l'absolution à une femme qui se complaît aux
corridas de muerte, il se rendra compte qu'il
y a dans ce carnage une excitation orgasma-
tique, une salacité infâme, une pollution
intellectuelle et parfois sensorielle, une titil-
lation brutale aux centres érectiles, un appel
à la monstrueuse pâmoison. Osons dire la vérité toute crue pour le salut des sincères, le
toréador est un marlou splendide, et dans
ses estocades rouges les femmes aux instincts
de marmites voient le mâle athlétique et mus-
culeux prêt à leur administrer des flaupées
épouvantables, condiment apprécié des sub-
séquentes caresses, avant-goût pimenté des
bestiales étreintes.

La sixième Geste s'acheva triomphalement
comme elle avait commencé, et la louange
presque universelle étouffa cette fois la ran-

9.

cune des haines et l'aboiement des envies,
Un des adversaires systématiques disait avec
mauvaise foi vraiment admirable en sa candeur :

Ce n'est plus drôle ? il n'y a plus d'ex-
centricités.

. . . .

A l'issue de l'exposition de 97, je l'ai écrit
au début de ce chapitre, le Grand Maître pro-
nonça la rentrée en sommeil, nullement la
dissolution, de l'ordre intellectuel chevale-
resque, qui avait accompli si brillamment
une hexade créatrice et informatrice. Les
Rose ✝ Croix n'ont pas l'habitude de discuter
les mesures prises par leur chef, confiants,
qu'ils sont et demeurent, dans les raisons de
sa sagesse et dans le réveil de Brunchild.
Mais nous ne disparaissions point à la suite
d'une défaite, notre astre se couchait dans sa
gloire.

. . . .

C'ÉTAIT LA FIN DE L'ENTR'ACTE IDÉAL.

VII

ADAR

Et le rideau se leva sur une scène tragique.
A la suite d'un des actes de dévouement le
plus méritoires qu'il m'ait jamais été donné
d'accomplir, l'intrigue infâme et la calomnie
pestilentielle s'acharnèrent sur moi, ma main
trop généreusement tendue fut déchirée par
d'enragées morsures, ma bonté me fut impu-
tée à crime, au sein même des miens que j'a-
vais toujours protégés, secourus et aimés.
Cela pour avoir été trop bon, pour avoir voulu
étendre trop loin ma dangereuse manie de
bienfaisance générale, mon ardeur fâcheuse à
vouloir sauver le monde.....

Et en pleine lutte *pro aris et focis*, la plus
grande douleur de ma vie m'étreignit à l'im-

proviste et me déchira de ses griffes, Dieu me reprit une fillette adorée, un beau petit ange blond et rose, l'aînée de mes enfants.....

Et tout un édifice par moi construit pour le bonheur et la gloire d'une grande amitié, fatalement s'écroula. . . . .

Mais l'ange envolé n'oublia pas son père terrestre, et ce fut lui qui tout à coup le souleva du fond de l'abîme. Une grande société intellectuelle me chargea de conduire ses destinées. J'étais redressé et affermi sur ma voie, j'avais une récompense conforme à la dignité de mon nom et au labeur de ma vie. Une fois de plus la providence s'était souvenue de l'homme qui fut toujours *justus et tenax pro positi*, et après de longs et fantastiques mirages, lui avait ouvert à deux battants et toutes grandes les Portes de la Réalité, conquises par la foi et par la souffrance, par l'effort, l'honneur et l'amour . . . .

. . . .

Au cours des Gestes Rosi-Cruciennes, les plus grandes espérances étaient nées et nous pûmes croire un instant à une régénération intellectuelle des âmes apauvries et aveulies dans le culte des basses idoles, par la compré-

hension et la pratique du rite normal de la
Beauté. Notre ambition ne connaissait point
de bornes, et nos illusions si démesurées
qu'elles fussent doivent nous être pardonnées
en faveur du zèle qui nous animait, pur de
tout calcul misérable, exempt de toute queste
d'intérêt personnel et temporel : plusieurs oc-
casions furent par nous dédaignées, qui eussent pu nous créer rentes en poche et pignon
sur rue... La Rose✝Croix demeura pauvre...

Mais si nous n'atteignîmes pas les sublimes
hauteurs par nous rêvées, nous traçâmes sur
la terre parcourue un profond et ineffaçable
sillon. La Rose✝Croix est et demeure le
mouvement esthétique et philosophique le
plus important de la fin du siècle qui vient
d'expirer. A travers les louanges des uns, les
injures des autres, parmi toutes les disputes et
toutes les contradictions, en dépit des détracteurs professionnels et des marchands de
huées, elle a fondé un socle, elle a bâti un
piédestal, et sur cette base une statue surgira.

Des coups mortels ont été portés au matérialisme, et le positivisme sincère s'est trouvé
réconcilié.

L'Idée et les faits ne peuvent être mis en

opposition que par de misérables sophismes,
la Réalité ne peut contredire les principes
éternels et immuables qui sont la source vive
et permanente de toutes choses. Le matérialisme ne voit rien en dehors des apparences
sensibles, c'est-à-dire des éphémères contingences sans permanence aucune, sans fonde-
ment, sans solidité. Aussi est-il une doctrine
stérile, génératrice de désespoir et de mort.
Je n'ai rien à objecter par contre au positiviste
qui me dit : Je veux bien bien vous croire,
mais démontrez-moi, faites-moi voir, faites-
moi toucher. Nous lui répondons : Si votre
main est loyale, si votre œil n'est point d'a-
vance résolu à la cécité, vous toucherez et
vous verrez. Nous ne voulons pas que l'on
nous croie sur parole, nous ne confondons
pas, selon le mot d'un de nos maîtres, la foi,
divine vertu, avec la crédulité, sottise humaine.
A cette crédulité nous avions déclaré la
la guerre pour le triomphe de cette foi. Nous
n'imposons à personne notre symbole religieux bien convaincus d'ailleurs que la saine
doctrine esthétique est un acheminement infaillible vers l'orthodoxie philosophique, et
que la Beauté est sœur de la Vérité comme

parèdre de la Justice. Nous avions dû combat-
tre avec acharnement égal les catholiques
grossiers et les incroyants ironiques. Je ne
connais rien de pire que le catholique terre-à-
terre, fervent de la lettre brutale, qui ne con-
sent à s'élever à aucune intellection, à ne se
créer aucun motif de croyance, à s'enfermer
dans le stupide : *Magister dixit*. Tel n'est
point l'enseignement de Jésus-Christ. J'admets bien que la foule, la masse, le *profanun
vulgus* n'aient pas à tenter la voie subtile des
mystères et se déclarent satisfaits par la foi du
charbonnier. Mais cette honorable corpora-
tion fuligineuse qui réchauffe nos membres et
cuit nos aliments, ne constitue pas à elle seule
toute l'humanité, j'irai jusqu'à dire qu'elle
n'en est point le sommet et l'élite. J'ai entendu
des honnêtes gens, non dépourvus d'intelligence mais obstinés et encroûtés dans la ti-
midité et la paresse d'esprit, oser me dire :

— J'aperçois nettement telles contradictions
dans la doctrine, mais je m'en remets à l'enseignement infaillible, j'humilie ma faible raison et crois simplement ce que l'on m'ordonne
de croire.

Mais non, malheureux ! Ceci est du blasphème pur ! Ce qu'il faut faire, c'est appliquer votre raison, flambeau naturel donné par Dieu à démêler les apparences contradictoires, je ne dis pas à comprendre, nul n'y parviendra jamais, mais à mettre d'accord la croyance et le véritable bon sens. Du moment que vous appartenez à une classe élevée et instruite vous devez profiter des enseignements qui vous furent donnés, réfléchir, raisonner, penser et ne pas dire *amen* à toute naïveté, même sortie d'une bouche sacerdotale. Nous ne pouvons être forts contre l'erreur qu'en admettant le moins possible d'axiomes et de postulata, en suivant nos adversaires sur tous les terrains de discussion loyale où il leur plaira de nous entraîner. Longtemps on reprocha aux catholiques d'être ignorants, il faut que cette accusation disparaisse. Saint Thomas d'Aquin, un vrai catholique celui-là et un orthodoxe j'espère, n'était pas un ignorant, mais il discutait le moindre détail à perte de vue, jusqu'à extinction de chaleur syllogistique. Et il avait raison. Aussi bien du reste ne put-il point échapper à la censure des littéraux de son époque, et se vit-il condamné par les théologiens officiels de la Sorbonne. Ce qui nous induit à ne pas trop nous effrayer des anathèmes de cette espèce. La Somme du docteur Angélique est un admirable et colossal monument élevé par la raison humaine à la foi divine, mais si la conclusion y est théologale, la raison n'y abdique jamais. Et si l'on pouvait faire quelque reproche aux scholastiques, ce ne serait sans doute que l'abus de l'argumentation.

La doctrine religieuse et philosophique de la Rose ✝ Croix est donc le catholicisme rationnel. Non point un néo-christianisme comme on a essayé de le dire en créant à notre intention ce vocable absurde, mais le christianisme traditionnel, de Paul, d'Origène, de Saint Clément d'Alexandrie. Il est à remarquer que lorsque la vérité est depuis longtemps obscurcie, son rétablissement en son intégrité primitive apparaît une innovation. En ce sens nous avons innové. Mais bien réellement restauré, rétabli, rebâti le grand édifice des siècles.

De cette haute doctrine découle sur le plan esthétique l'idéalisme qui n'est pas non plus que je sache une innovation contemporaine. On peut affirmer que l'immense majorité des

chefs d'œuvre du Moyen-Age et de la Rénais-
sance affecte le caractère de l'idéalisme religieux. En Italie, même en Flandre et en Es-
pagne, en Allemagne, en France, la religion
dans ce qu'elle a de plus élevé, de plus dog-
matique, fournit les neuf dixièmes des inspira-
tions auxquelles ont obéi ces générations d'artistes prodigieux qui ont couvert l'Europe de
chefs d'œuvre. Comptez le nombre de Saintes
Familles, d'Annonciations, de Visitations, de
Présentations, de Passions, d'Ascensions, et
d'Assomptions, de Vierges, de *Bambinos*, de
Saints Sébastiens,de martyres de toutes sortes,
d'apparitions célestes, vous énuméreréz presque tout. Si comme le désiraient Courbet et
Manet on ne laissait subsister que les toiles et
les statues profanes, on opérerait en vérité la
destruction de l'art. Courbet et Manet sont
la honte de l'art moderne. C'est contre eux et
leurs similaires que nous avons conduit notre
croisade victorieuse. Je ne concevrai jamais
leur renommée et qu'ils aient encore des partisans. A l'époque de la première Geste,en la
salle Durand-Ruel, comme je l'ai déjà ob-
servé, le vestibule d'entrée n'avait pu être dé-
barrassé d'un Manet grotesque, repoussant de

laideur, représentant des rôdeurs de barrière,
plus brutes que nature, plus sales, plus horri-
fiques : Certains visiteurs s'extasiaient dans
le début. A la fin de l'exposition, la grâce
avait opéré et l'affreuse toile ne recueillait
plus que des huées. Sincèrement au sanctuaire
d'art qu'est notre Louvre, ne trouvez-vous pas
que, tout dissimulé qu'il soit dans une petite
salle de passage, l'*Enterrement d'Ornans* soit
une exhibition sacrilège et profanatoire. N'ayez
aucun parti-pris, laissez-vous simplement
aller à la spontanéité de vos impressions, di-
tes-moi franchement ce que vous ressentez à
la sortie de la salle Lacaze, de la simple salle
Lacaze qui n'est pas pourtant le salon carré,
quand vous buttez votre regard déjà charmé
par tant de nobles œuvres, à cette scène rurale,
pesante et vulgaire, paysanne et froide, à cette
peinture de chemineau où le caractère triste
et lugubre du sujet disparaît sous la goujaterie
de l'exécution. Comment de véritables artistes
peuvent-ils pardonner à cet homme qui disait
à la fin de la Commune : Eh bien, si le Louvre brûle, je me charge de le refaire en entier.
Même en forme de boutade, on n'exhale point
de telles âneries et il est honteux qu'il y ait

une rue Gustave Courbet quand nous manquons encore d'une rue Gustave Moreau.

La guerre que nous avons déclarée à ces
deux hommes a déjà cependant porté ses
fruits : Le bon bock aujourd'hui ne trouve-
rait guère d'admirateurs. Nous avons en-
seigné et démontré que le pittoresque, admis-
sible en littérature, doit être exclu des arts
plastiques, au même titre que l'anecdote, le
genre, le bodegone. Il y a vingt-cinq-ans, de
grandes réputations se gagnèrent, même si
je ne me trompe, des médailles d'honneur à
brosser des chaudrons, des bassines, des pa-
noplies, des langoustes, des lapins et des to-
mates. Vollon a été traité de grand peintre et
a bien obtenu je crois des distinctions et ré-
compenses suprêmes, et aujourd'hui, malgré
tout, il n'en serait plus ainsi. Nous avons à
peu près démoli cette hérésie grossière que
l'art est : *la représentation de la* nature. Je
ne sais qui a formulé jadis cette bourde ridicule qui dut logiqument se compléter par cette
déclaration : Nul artiste n'est a la hauteur
d'un photographe. La poncivité universelle a
vécu plus de quarante ans cet aphorisme qui
mériterait une excomunication majeure, si

l'on excommuniait les bêtes. A cet adage purement stupide et fangeux, a succédé celui-
ci d'apparence plus intellectuelle et plus subtile : L'art est l'interprétation de la nature.
C'est encore faux et incomplet, imbu et pé-
nétré de matérialisme. On abaisse ainsi le
pinceau et l'ébauchoir à une tâche de fort en
thème, à une besogne de traduction. Nous
avons instauré ou plutôt restauré cette opinion :

L'ART EST LA SPLENDEUR DE LA FORME.

C'est une suggestion de la Beauté abstraite,
de la forme esthétique par le charme des lignes, des reliefs et des couleurs. On voit
d'ici tous les genres qu'une telle déclaration
exclut sans pitié d'une galerie qui se respecte.
Au début de cet enseignement, toute la rapi-
nerie s'esclaffa avec tumulte et sarcasmes,
nous avons conquis en six ans l'approbation
de tous les grands artistes. Jadis il était extrêmement rare de rencontrer aux salons
annuels des tableaux religieux ou même symboliques, on en relevait trois ou quatre par
an auxquels nul visiteur ne prêtait son atten-

tion, qui se perdaient négligés, oubliés parmi la foule des scènes de la vie banale et l'amoncellement des natures mortes. Il n'en est plus ainsi; c'est par centaines que l'on dénombre aujourd'hui aux expositions officielles *les œuvres Rosi-Cruciennes*, chacun maintenant les désigne ainsi. Sans vanterie, sans exagération, de l'aveu même de tous les sincères, notre exemple a régénéré la peinture et la sculpture, a relevé de plusieurs crans le niveau des arts du dessin. Le résultat est d'autant plus remarquable, je dirai d'autant plus glorieux que les grands chefs de file de l'Idéalisme se sont contentés de nous décerner une approbation bienveillante. Nul d'entre eux, je l'ai dit tout à l'heure, n'a osé exposer chez nous. Nous n'avons eu ni Chavannes, ni Merson, ni Lagarde, ni Fantin-Latour. Gustave Moreau est mort avant de nous avoir confié — j'ai mentionné cette intention — l'exhibition de son œuvre. On nous approuvait, on nous encourageait, on nous visitait... les grands maréchaux ne se souciaient plus de livrer bataille... ils laissaient s'escrimer les jeunes postulants de l'avenir. Ceux-ci n'ont point failli à leur tâ-

che et à travers d'innombrables luttes ont
remporté la victoire. Plus de cent-soixante
artistes ont arboré nos couleurs. Cette petite
troupe rangée en carré s'est constamment
avancée d'abord lentement, rapidement ensuite refoulant sans cesse les charges furieu-
ses, démasquant à propos ses batteries, assail-
lant les redoutes, escaladant les cimes. Les
détracteurs du mouvement Rosi-Crucien ont
aujourd'hui disparu ; on a presque perdu le
souvenir, des plaisanteries et des injures sous
lesquelles on essaya jadis de nous étouffer ;
ceux qui ne s'enthousiasment pas en parlant
de notre effort le traitent avec estime, respect.
On sent qu'une grande œuvre a été accom-
plie, qu'une délivrance a été opérée, qu'un
amas de brouillards qui obscurcissaient l'azur
esthétique se sont à jamais dissipés. C'est
pour cela, dut-elle demeurer en sommeil longtemps encore, dut-elle ne plus se manifester sur le terrain de l'art, c'est pour cela que
la Rose ✝ Croix peut se glorifier d'avoir rem-
pli sa mission et *fait tout le possible,* ce que
Dieu demande à ses serviteurs.

Pour l'art architectural, le plus haut certes
de tous les arts, nous n'avons pu qu'émettre

des vœux et formuler des principes, n'étant
certes point capables de réformer par un coup
de baguette magique l'esprit et les mœurs de
notre temps. Car l'architecture n'est pas un
art individuel mais collectif : un beau monument n'est pas le résultat du travail et de la
méditation d'un artiste, si grand que soit son
génie, il ne peut être issu que de la foi d'une
époque, des croyances de tout un peuple. La
Grèce esthétique imagina des colonnes étin-
celantes de grâce et de majesté, Rome à la
main lourde et puissante créa le plein cintre
solide, imposant et brutal. Il a fallu le christianisme au Moyen-Age pleinement épanoui
pour nous donner le gothique, l'ogive céleste,
l'inimitable et incomparable splendeur. Les
XIIIᵉ, XIVᵉ, et XVᵉ siècles ont réalisé les plus
merveilleux édifices qu'il ait été donné à l'humanité d'élever et de contempler. La Renais-
sance, résurrection du paganisme, constitua
sans hésitation possible une déchéance : Le
dix-septième siècle inaugura ces chefs d'œuvre de platitude, non exempts toutefois d'une
certaine allure Louis quatorzième : le dix-hui-
tième fut laid, mesquin, privé d'âme comme
une grimace de Voltaire. Quant au dix-neu-

vième hélas, c'est l'âge des gares, des sous-pré-
fectures et des usines, l'âge de fer dans tous
les sens. On construit des halls, des hangars,
des manufactures de tabacs, des maisons de
rapport, des galeries de machines. L'expression architectonique du siècle est, comme je
l'ai dit en d'autres pages, au grand scandale de
certaines oreilles délicates, une éjaculation
métallique de trois cents mètres, la hideuse,
l'inutile, la stupide tour Eiffel. Ce manqueur
d'isthmes a réussi à exprimer l'énorme en évi
tant le grandiose, il a trouvé la Babel chétive,
il a ravalé le gigantesque à l'apparence fo
raine d'un mirliton. Nous ne manquons certes point de talentueux architectes, mais ils ne
sont point suggestionnés par l'âme des foules,
seule capable d'imprimer aux pierres un
mouvement rythmique comme la vieille lyre
d'Orphée. Violet-le-Duc a superbement restauré, ses plus grands admirateurs l'ont toujours proclamé impuissant à une création originale. Quel lamentable spectacle que celui
offert par les églises contemporaines à moins
de copier servilement le passé et encore n'a-
t-on plus ce secret magique... la divine entente
des proportions. A grandissimes frais, à coups

de budgets énormes, on vous fait jaillir de
terre des encoignures comme St-Augustin, des
théâtres comme la Trinité, des armoires comme
St-François-Xavier, des corridors comme No-
tre-Dame-des-Champs. J'aurais peur de cha-
griner les bonnes âmes en critiquant Montmartre, intention excellente, précieuse manifestation, mais en somme... gâteau de Savoie.
Pourquoi Abadie, qui était valable, a-t-il voulu
imaginer de toutes pièces, et n'a-t-il pas purement et simplement reproduit Saint-Front.
C'est à notre archimage Saint Yves d'Alveydre qu'il a été donné de retrouver la formule
perdue, je suis un des quatre qui aient été admis à l'éblouissement de ces deux cathédrales
du saint nom de Jésus et du saint nom de
Marie, dont il a dressé les plans d'après sa
théorie archéométrique, restitution absolue,
synthèse intégrale de Vérité et de Beauté,
dont la révélation prochaine sera l'honneur et
la gloire du vingtième siècle.

J'ai terminé l'exposé rapide de mes souvenirs de la Rose†Croix en observant toutes les
convenances dues, toutes les discrétions nécessaires. Cette période où je vivais d'espoir,
où je respirais à pleins poumons l'idéal parmi

les fumées de notre encens familier, restera
la plus heureuse, la plus enchantée de ma vie.
J'ai la conscience que nous avons œuvré pour
l'au-delà, que nous avons rendu témoignage
au Verbe, à celui qui seul a pu dire : je suis
la voie, la vérité et la vie. Les circonstances
extérieures, les facteurs ambiants de toute
sorte se sont jetés au travers de notre route,
ont entravé et dévié nos pas, toute la meute
des agnostiques, des repus, a hurlé derrière
nos chausses et on a cru un instant nous étouffer sous la tempête des ricanements. A cette
tâche indigne on a échoué, le respect général, l'émotion universelle ont en définive salué notre aboutissement. Si nous ne sommes
point des messies, nous sommes un peu des
Jean-Baptiste, nous pouvons nous dire avec
une fierté légitime, des précurseurs, des AN-
NONCIATEURS

*Liste alphabétique des 170 peintres, sculp
teurs, architectes et ouvriers d'Art ayant
exposé aux six Gestes de la Rose † Croix.*

1892-1897

Aabals
Agache
Aman Jean
Astruc
Atalaya
Azambre

Berangier
Bernard
Berthon
Béthune
Beronneau
Bloche
Bremond
Bouy
Bourbon
Prince Bojidar
Bourdelle
M. des Boutins
A. des Boutins
Bussières

Cadel
de Caldain

Carabin
Chalon
Chabas
Chatigny
Compton
de Cool (D.)
De Cool (G)
Coulon
Cornillier
Charpentier
Clark
Cornette
Couty
Ciamberlani

Duverney
Delville
Duthoit
Deschamps
Desrivières
Dampt
Dubois
Danguy

Delfosse
Duval
Dujardin
Darasse
Delacroix
Deneux
L.-A. Dumont

Egusquiza
Ehrmann

Fox
Fabry
Filiger
de Feure

Granier
Grasset
du Gardier
Gillet
des Gachons
Godebski
Guillonnet
Gaillard
Gérin

Habert
Haraucourt
Hawkins
Hodler

Isaac-Dathis
Icard
Jacques
Jacquin
Knoppf

La Lyre
La Perche-Boyer
Legrand
Lambert-Fovras
Losik
de Lambert
Lelong
Lel
Lenoir
Lorin
La Barre Duparc
Lowenberg
A. de Larochefoucaud
H. de Larochefoucaud
Legrand

de Massy
Manrin
Maxence
Henri Martin
Merentier
Morisset

Moreau-Néret
Marcius-Simmons
Mell-Dumont
Moreau-Vauthier
Murphy
Marchand
Middeler
Mellery
Mellerio
Minne
Morren
Milcendeau
Malval
Monchablon
Niederhausen
Noel

Ogier
O' Bonnal
Ottevaere
Osbert
Oudart

Pezieux
Pepper
Pierrey
Point
Payne

Printemps
Préviate
Panft
Quadrelli

Rigaud (G.)
Ridel
Rosenkrantz
Raybaud
Raissignier
Rignard (J.)
Rambaud
Ricaud

Renaudot
Riquet
Rodrigue
Régamey
Rouault

Sala
Savine
Servat
Schwabe
Séon
Sarlius
Steck
Sain
de Sainville

Sonnier
Stepvens

Trachsel
Tonetti-Dozzi
Thiriet
Toulnaart
Terrey
Toorop

Valloton
Vasselot

Vibert
Vigoureux
Van Bostheroot

Wertheimer
Wickenden
Walter
Walgren
Wagner
Zilcken

INDEX

I. — Samas 7

II. — Nergal 4I

III. — Mérodack 7I

IV. — Nebo 93

V. — Istar 115

VI. — Sin 135

VII. — Adar 155

Tables des Artistes 173

PETITE IMPRIMERIE VENDÉENNE. — LA ROCHE-SUR-YON

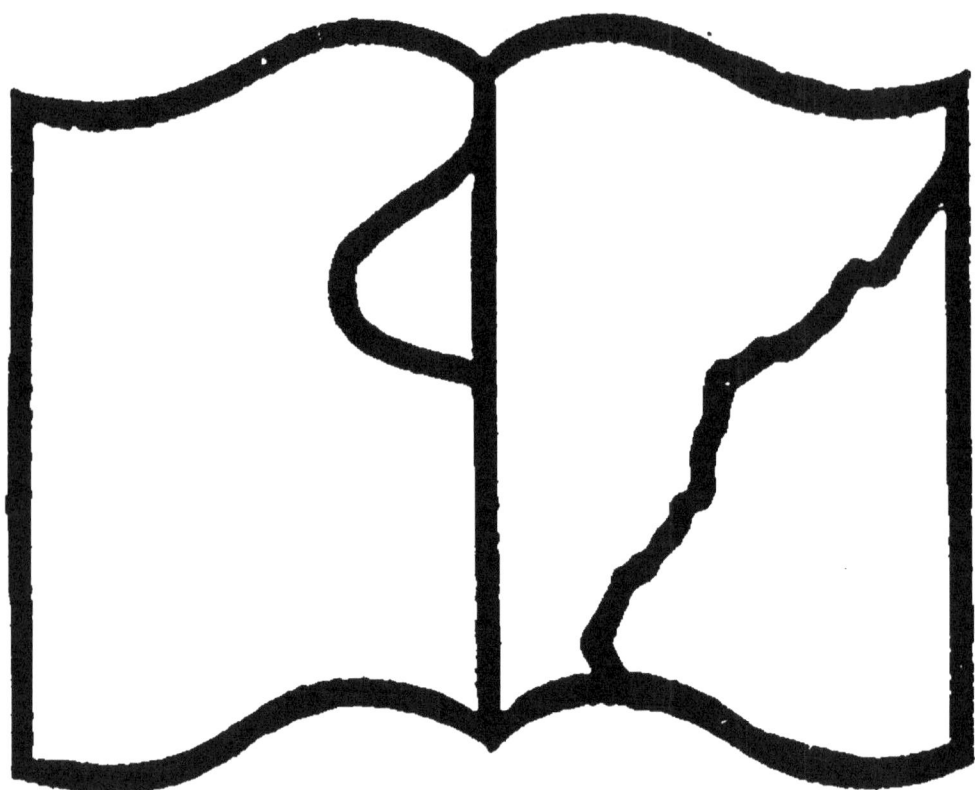

Texte détérioré — reliure défectueuse
NF Z 43-120-11

www.ingramcontent.com/pod-product-compliance
Lightning Source LLC
Chambersburg PA
CBHW072231270326
41930CB00010B/2088